순복음의 12대 핵심진리

WORKBOOK

이영훈 지음

청 · 장년_인도자용

인도자를 위한 교재 활용법

이 책은 『순복음의 12대 핵심진리』를 배우고 적용하기 위한 교육 교재입니다. 인도자는 아래의 순서대로 준비하고 교육을 진행해 주세요.

준비 과정

Step 1 핵심 파악

『순복음의 12대 핵심진리』를 미리 읽고, 오늘 공부할 부분의 주제와 핵심 내용을 파악하세요.

Step 2 자료 준비

학습자들에게 책의 내용을 잘 전달할 수 있도록 자료를 준비하시면 더욱 좋습니다.

ex) 책에 중요 부분 표시하기, 요약본 혹은 PPT 만들기 등 상황에 맞게 자료를 준비하시면 됩니다.

교육 과정

Step 3 Brainstorming

Brainstorming은 학습자들의 마음을 열기 위한 단계입니다. 학습자 중 한 명이 대표로 읽게 하세요. 이후 연관된 두 개의 간단한 질문을 통해 학습자들이 참여할 수 있도록 대화의 포문을 열어주세요.

Step 4 Discussing

인도자가 제시된 질문을 읽어주세요. 이 질문에 관해 학습자들이 자기 생각을 자유롭게 이야기할 수 있도록 분위기를 조성해 주세요.

Step 5

『순복음의 12대 핵심진리』 배우기

본격적으로 『순복음의 12대 핵심진리』의 내용을 배우는 부분입니다. 총 3단계로 나누어져 있습니다.

- **주제 말씀 쓰기**
  학습자들이 주제 말씀을 쓰고, 가능하면 읽게 하세요.

- **본문 내용 이해하기**
  각 과의 주요 내용을 설명하세요. 이와 관련된 질문을 하나씩 읽고, 학습자들이 『순복음의 12대 핵심진리』의 내용을 참고해 답변을 쓸 수 있게 독려해 주세요.

- **삶에 적용하기**
  교재에 나온 질문과 예시를 통해 오늘 배운 내용을 어떻게 적용할지 학습자들과 함께 고민해 보세요. 구체적이고 실천적인 나눔이 될 수 있도록 진행해 주세요.

Step 6

핵심 요약

핵심 요약을 읽고, 오늘 배운 내용을 정리해 보세요.

Step 7

이영훈 목사의 힐링 스토리

오늘 배운 내용과 관련된 간증 이야기를 읽으면서 감동을 나누세요. QR을 찍으면 '유튜브 영상'을 볼 수 있습니다.

마무리 과정

Step 8

기도

오늘 배운 내용을 실천할 수 있게 해달라고 기도하세요. 학습자 중 한 명이 마무리 기도를 하면 더욱 좋습니다.

Contents

Part 1.

순복음의
삼중축복

순복음 신앙에서는 예수님이 십자가에서 이루신 완전한 구원을 '전인구원'이라 부르고, 이를 통해 얻게 된 총체적인 축복을 '삼중축복'으로 설명합니다. 즉, 순복음의 삼중축복은 예수님의 십자가 구원을 통해 얻어지는 결과로 영적, 육체적, 환경적인 면을 모두 포함하는 축복입니다. 이러한 총체적인 축복을 표현한 대표적인 성경 말씀은 요한삼서 1장 2절입니다.

Chapter 1

Brainstorming

영혼의 무게 21g?

미국 매사추세츠주의 의사였던 던컨 맥두걸은 영혼이 물질로 구성되어 있고 영혼의 무게를 잴 수 있다고 생각했습니다. 그는 자신의 가설을 증명하기 위해 죽어가는 환자들의 체중 변화를 관찰했습니다. 1907년, 그는 사람이 죽으면 몸무게가 21g이 줄어든다는 연구 결과를 발표하고, 그 무게가 바로 '영혼의 무게'라고 주장했습니다. 훗날 그의 주장은 터무니없는 것으로 밝혀졌습니다. 그러다 2003년에 이 이야기를 모티브로 멕시코의 한 영화감독이 「21그램」이라는 제목의 영화를 만들어서 화제가 되기도 했습니다.

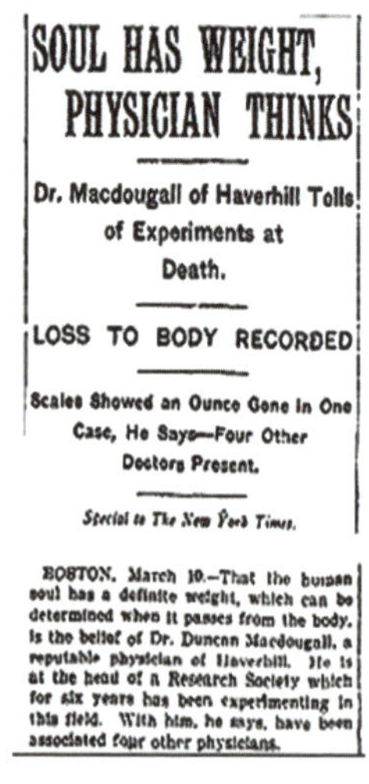

SOUL HAS WEIGHT, PHYSICIAN THINKS

Dr. Macdougall of Haverhill Tells of Experiments at Death.

LOSS TO BODY RECORDED

Scales Showed an Ounce Gone in One Case, He Says—Four Other Doctors Present.

Special to The New York Times.

BOSTON, March 10.—That the human soul has a definite weight, which can be determined when it passes from the body, is the belief of Dr. Duncan Macdougall, a reputable physician of Haverhill. He is at the head of a Research Society which for six years has been experimenting in this field. With him, he says, have been associated four other physicians.

맥두걸의 논문 표지

1. 영혼의 존재를 다루는 영화, 드라마, 소설 등의 작품을 본 적이 있나요? 그 작품에서 영혼에 대해 어떻게 표현하고 있나요?

TIPS 고스트, 사랑과 영혼, 코코, 싱글라이더, 환혼 등
ex) 환혼: 산 사람의 영혼을 바꿀 수 있다고 표현함

2. 영혼의 문제에 대해 자주 생각하고 있나요? 내가 일상생활 중에 영혼의 존재를 생각하게 될 때는 언제였나요?

TIPS
- 죽음을 생각할 때
- 장례식에 갈 때
- 최면술에 관해 들을 때

Discussing

영혼의 존재를 믿나요? 세상에서 일반적으로 생각하는 영혼의 개념과 크리스천이 이해하는 영혼 개념의 차이점은 무엇일까요? 이에 대해 서로의 생각을 나누어 보세요.

Chapter 1

영혼이 잘되는 축복

STEP 1 주제 말씀 쓰기

1. 요한삼서 1장 2절

사랑하는 자여 네 영혼이 잘됨 같이 네가 범사에 잘되고 강건하기를 내가 간구하노라

2. 로마서 5장 10절

곧 우리가 원수 되었을 때에 그의 아들의 죽으심으로 말미암아 하나님과 화목하게 되었은즉 화목하게 된 자로서는 더욱 그의 살아나심으로 말미암아 구원을 받을 것이니라

STEP 2 본문 내용 이해하기

1. 영혼이 잘된다는 의미

사람은 어떻게 영혼을 가진 존재가 될 수 있었을까요? 영혼을 가진 인간에게만 주어진 특별한 은혜는 무엇인지 적어보세요.
순복음의 12대 핵심진리 p.15-16

TIPS

인간의 영혼은 하나님으로부터 비롯된 것입니다. 창세기 2장 7절을 보면 하나님이 사람의 코에 '생기'(루아흐, 하나님의 영)를 불어넣었다고 기록되어 있습니다. 다시 말해, 인간은 하나님의 영을 통해 영혼을 가진 존재가 된 것입니다. 영혼을 가진 인간은 다른 피조물과 다르게 하나님과 친밀한 관계를 맺으며 인격적으로 교제할 수 있는 특별한 은혜를 입었습니다.

죄를 짓고 타락한 인간은 하나님과의 관계가 깨어지고 처음 창조되었을 때 누렸던 은혜들을 상실했습니다. 이 관계가 어떻게 회복될 수 있었나요? 순복음의 12대 핵심진리 p.17-20

TIPS

죄로 인해 완전히 깨져버린 하나님과 우리 사이의 관계를 회복시키신 분은 예수님이십니다. 하나님의 아들이신 예수님이 육신을 입고 이 땅에 오셔서 십자가에 못 박히심으로 우리의 죗값을 치르시고 죄와 마귀의 종노릇 하던 우리를 구원해 주셨습니다. 예수님의 십자가 대속의 결과로 죄로 인해 단절되었던 하나님과 우리의 관계가 회복되었습니다.

2. 영적 축복의 중요성

요한삼서 2절이 말하는 삼중축복 세 가지는 무엇인가요? 그중에서 왜 영혼이 잘되는 축복이 '가장 우선'되어야 하는지 이야기해 보세요. 순복음의 12대 핵심진리 p.20-21

TIPS

삼중축복은 영혼이 잘되는 축복, 범사가 잘되는 축복, 강건함의 축복입니다. 그중에서 영혼이 잘되는 축복이 가장 우선되어야 하는 이유는 다른 모든 문제를 결정하는 근본적인 문제가 영혼의 문제이기 때문입니다. 하나님이 우리의 영혼을 보존하지 않으시면 다른 모든 것이 무의미합니다.

하나님의 최고 관심사는 무엇일까요? 하나님의 최고 관심사와 나의 최고 관심사가 일치하는지 비교해 보세요.

순복음의 12대 핵심진리 p.21-22

TIPS

하나님의 최고 관심사는 영혼 구원입니다. 그래서 하나님은 한 사람의 인생에 복을 주시기 전에 먼저 그의 영혼이 회복되기를 기대하십니다. 그러므로 하나님이 주목하시는 것처럼 우리도 영혼의 잘됨을 제일 먼저 생각해야 합니다.

3. 영적 축복을 받는 비결

영적 축복을 받기 위해 선행되어야 하는 것은 무엇인가요? 그것이 선행되어야 하는 까닭은 무엇인가요? 순복음의 12대 핵심진리 p.23-24

TIPS

영적 축복을 받기 위해서는 회개가 선행되어야 합니다. 영혼이 잘되는 축복은 결코 죄와 함께할 수 없기 때문입니다. 죄는 하나님과 우리 사이를 가로막는 장애물입니다. 죄 사함을 받지 않으면 하나님께 나아갈 수 없습니다. 그러므로 우리는 늘 자기 삶을 돌아보며, 마음으로 행동으로 지은 죄를 회개해야 합니다.

영적 축복을 누리기 위해서는 성령충만이 꼭 필요한가요? 영적 축복과 성령충만의 연관성에 관해 이야기해 보세요.

순복음의 12대 핵심진리 p.25-26

TIPS

영적 축복은 다른 말로 하면 성령충만입니다. 성령으로 충만하지 않으면 영적 축복을 받았다고 말할 수 없습니다. 로마서 8장에 기록된 것처럼 우리를 죄의 길로 이끄는 옛 사람의 습성에서 벗어나는 방법은 오직 성령충만입니다. 하나님의 영이신 성령으로 충만할 때 비로소 믿음을 굳건히 지키며 성결한 삶을 살 수 있습니다.

STEP 3 삶에 적용하기

1. 나는 영혼이 잘되는 축복을 중요하게 여기고 있나요? 내 삶에서 가장 우선시 되는 것부터 차례로 적어보세요.

➡ ➡

2. 하나님과의 관계가 소원해지지는 않았는지 나의 영적 상태를 점검해 보세요.

영적 상태 체크리스트

- ☐ 나는 주일 성수를 하고 있는가?
- ☐ 나는 주일뿐 아니라 주중에도 예배를 드리고 있는가?
  (수요예배, 금요예배, 구역예배 등)
- ☐ 나는 매일 내 삶을 돌아보며 회개 기도를 드리는가?
- ☐ 나는 규칙적으로 성경 말씀을 읽는가?
- ☐ 나는 늘 성령충만을 간구하는가?
- ☐ 나는 언제 어디서나 하나님의 임재를 인지하고 있는가?

3. 영적 축복을 누리기 위해 매일 어떤 것들을 실천할 수 있는지 구체적으로 적고 실천 계획을 세워보세요.

ex) 매일 성경 읽기 & 기도 실천 계획표

	시간 정하기	분량 정하기
성경 읽기	오전 / 오후 시	( ) 장
기도하기	오전 / 오후 시	( ) 시간 / 분

그 외 나만의 실천 계획이 있다면 적어보세요.

핵심 요약

1. 영혼이 잘된다는 의미

- 인간의 영혼은 하나님으로부터 비롯되었기에 하나님과 연결되어 있을 때 온전케 됩니다.
- 죄짓고 타락한 인간은 영적으로 죽고 하나님과의 친밀한 관계를 상실했습니다.
- 예수님은 죄로 인해 깨져버린 하나님과 우리 사이의 관계를 회복시키셨습니다.

2. 영적 축복의 중요성

- 우리 삶에 가장 중요하고 근본적인 문제는 영혼의 문제입니다.
- 하나님의 가장 큰 관심은 영혼 구원에 있습니다.
- 하나님과의 관계가 풀리면 인생의 모든 문제가 풀립니다.

3. 영적 축복을 받는 비결

- 죄는 하나님과 우리 사이를 가로막는 장애물이므로, 영적 축복을 받기 위해서는 회개가 선행되어야 합니다.
- 우리는 영적 양식인 하나님의 말씀을 매일 먹어야 합니다.
- 성령충만한 사람이 영적 축복을 누리며 사는 사람입니다.

이영훈 목사의 힐링 스토리

브라이언 박 목사는 중학교 3학년 때 미국으로 이민을 갔습니다. UCLA 정치학과를 졸업한 후 세계적인 증권 회사인 메릴린치에 입사해 25살에 최연소 Vice President가 되었습니다. 이렇게 젊은 나이에 엄청난 돈을 벌다 보니 모든 것이 쉽게 여겨지고 자만심이 가득해졌습니다. 하지만 시간이 갈수록 삶에 대한 공허가 그를 찾아왔습니다. 어떤 것도 그에게 만족을 주지 못했습니다. 그는 술과 담배, 심지어 마약까지 손대기 시작했습니다. 두 번이나 자살 시도를 했고 성격도 난폭해져서 8번이나 감옥에 다녀왔습니다. 돈은 많았지만, 그의 삶은 완전히 무너져 내리고 있었습니다.

그러던 중 1994년 6월 17일, 형과 함께 차를 타고 편의점을 지나다가 노방전도 나온 사람들을 만나게 되었습니다. 예수를 믿지 않는다는 그에게 노방전도 나온 목사님이 자신을 따라 기도하라고 했습니다. "예수님, 당신의 보혈로 저의 죄를 씻어주시고 제게 성령이 임하게 해주세요." 갑자기 뜨거운 눈물이 쏟아졌습니다. 그는 통곡했고, 그의 몸에서 더러운 영이 하나 둘 빠져나가는 것을 체험했습니다. 그 순간, 말로 표현할 수 없는 평안이 임했습니다. 이후 그는 모든 중독을 끊고 정상적인 생활을 하게 되었고, 16년 동안 앓던 허리 디스크, 발에 난 종양, 실어증이 깨끗이 낫는 등 건강도 회복되었습니다.

QR을 찍어보세요.

Chapter 2

순복음의 12대 핵심진리

Brainstorming

세상에서 가장 운 좋은 사람

1929년 크로아티아에서 태어난 프란 세락은 '세상에서 가장 운 좋은 사람'으로 불립니다. 그 이유는 1962년 철도 탈선사고와 1963년 비행기 추락사고를 비롯해 수많은 교통사고를 겪으면서도 매번 목숨을 건졌기 때문입니다. 게다가 2003년, 74세가 된 그는 복권에 당첨되어 약 10억 원의 당첨금을 받았습니다.

그러나 생각하기에 따라, 그는 가장 운 좋은 사람일 수도, 그 반대일 수도 있지 않을까요?

1. 나라별로 잘 사는 것의 기준이 다르다고 합니다. 예를 들어, 프랑스는 '문화 의식'을, 미국은 '시민 의식'을, 한국은 '경제력'을 기준으로 중산층을 정의합니다. 그렇다면 여러분이 생각하는 잘 사는 인생은 어떤 인생인가요?

TIPS

- 물질의 부족함 없이 건강하게 사는 인생
- 내가 좋아하는 일을 하면서 즐겁게 사는 인생
- 사랑하는 사람들과 함께 걱정 없이 평안하게 사는 인생

2. 내가 원하는 대로 모든 일이 이루어지면 행복한 인생인가요? '그렇다', '아니다' 중 하나를 택하고 그 이유를 적어보세요.

TIPS

- **그렇다** _ 자신의 꿈을 실제로 이루는 경우가 매우 드뭅니다. 그렇기에 원하는 일을 이루며 사는 것이 행복한 인생이라고 생각합니다.
- **아니다** _ 지금 내가 원하는 일이 이루어진다고 해도 그것이 미래에 어떤 결과를 가져올지 알 수 없기에, 원하는 대로 이루어지는 인생이 행복한 인생이라고 말할 수 없습니다.

Discussing

세상이 규정한 '성공'과 '잘됨'의 기준을 교회와 크리스천도 무비판적, 무의식적으로 따르고 있지는 않은지 자신을 돌아보고 서로 의견을 나눠보세요.

Chapter 2

범사가 잘되는 축복

STEP 1 주제 말씀 쓰기

1. 요한삼서 1장 2절

사랑하는 자여 네 영혼이 잘됨 같이 네가 범사에 잘되고
강건하기를 내가 간구하노라

2. 갈라디아서 3장 13-14절

그리스도께서 우리를 위하여 저주를 받은 바 되사 율법
의 저주에서 우리를 속량하셨으니 기록된 바 나무에 달
린 자마다 저주 아래에 있는 자라 하였음이라
이는 그리스도 예수 안에서 아브라함의 복이 이방인에
게 미치게 하고 또 우리로 하여금 믿음으로 말미암아 성
령의 약속을 받게 하려 함이라

STEP 2 본문 내용 이해하기

1. 저주와 축복

과학 기술이 역사상 가장 발전한 시대임에도 불구하고, 가난과 기근, 전쟁의 고통이 끊어지지 않는 세상을 우리는 살고 있습니다. 이러한 문제들이 생기는 근본적인 원인에 대해 성경은 무엇이라고 말씀하나요? 순복음의 12대 핵심진리 p.31-32

TIPS

하나님이 창조하신 세상은 본래 모든 것이 풍족하고 하나님 보시기에 좋았습니다. 그러나 아담과 하와가 하나님의 말씀을 거역하는 죄를 범함으로써 심판을 받아 인간의 삶과 환경에 저주의 가시와 엉겅퀴가 뒤덮이게 되었습니다. 그 결과 이 땅에 가난과 기근과 전쟁의 고통 등이 생겨난 것입니다.

인간은 환경의 저주와 가난에서 어떻게 벗어나게 되었나요? 기독교의 가르침은 '가난과 청빈한 삶'에 있다는 주장에 대해 어떻게 생각하는지 이야기해 보세요. 순복음의 12대 핵심진리 p.32-34

TIPS

하나님의 아들이신 예수님이 인간을 대신해 모든 저주를 짊어지고 십자가에서 피 흘리심으로, 우리는 저주에서 벗어나 축복의 삶을 살아갈 수 있게 되었습니다. 그러므로 예수님의 십자가 구원을 완전한 구원, 전인 구원으로 믿는다고 고백하면서, 가난을 당연한 것으로 여겨 청빈한 삶만이 기독교적이라고 주장하거나, 하나님의 축복을 기대하지 않는 것은 옳지 않습니다.

2. 복을 주시는 하나님

교회에서 복에 관해 이야기하면 이를 기복신앙으로 오해하고 부정적으로 바라보는 사람들이 있습니다. 기복신앙과 축복신앙의 차이점은 무엇일까요? 순복음의 12대 핵심진리 p.35-37

TIPS

기복신앙은 세속적인 복을 충족하기 위해 갖는 신앙입니다. 현세적인 무병장수와 물질적인 번영을 위해 종교를 갖는 사람들에게 볼 수 있는 신앙의 모습입니다. 반면, 축복신앙은 복 자체를 부정하지 않지만, 복 받는 것을 신앙의 목적으로 삼지 않습니다. 축복신앙은 하나님이 복의 근원이시며, 우리에게 복 주기를 원하신다는 사실을 믿고 간구하는 신앙입니다. 다시 말해, 복은 예수 그리스도를 구주로 믿고 고백하는 자에게 주시는 하나님의 선물입니다.

성경은 하나님이 복 주시는 분임을 분명히 보여주고 있습니다. 이와 관련된 말씀을 적고, 그 말씀을 인용하여 하나님께 복을 구하는 기도를 드려보세요. 순복음의 12대 핵심진리 p.37-39

TIPS

말씀 _ "나를 사랑하고 내 계명을 지키는 자에게는 천 대까지 은혜를 베푸느니라"(출 20:6).

기도 _ 하나님 아버지, 하나님을 사랑하고 하나님의 말씀을 지키는 자가 되겠습니다. 천 대까지 은혜를 베푸시겠다는 약속의 말씀을 믿고 기도하오니 하나님의 넘치는 복을 부어주옵소서.

3. 범사에 축복받는 비결

하나님은 우리에게 복 주시길 원하십니다. 주님 안에서 복 받은 자녀로 사는 비결은 무엇일까요? 순복음의 12대 핵심진리 p.39-43

TIPS

- 근면하고 성실한 자세로 자기가 맡은 일에 최선을 다해야 합니다.
- 받은 복에 대한 감사의 고백으로 온전한 헌금을 드려야 합니다.
- 하나님께 받은 복은 이웃과 함께 나누며 하나님의 영광을 위해 사용해야 합니다.

하나님이 우리에게 복을 주시는 목적은 무엇일까요? 나는 하나님께 받은 복을 이러한 목적에 합당하게 사용하고 있는지 점검해 보세요. 순복음의 12대 핵심진리 p.42-43

TIPS

하나님이 우리에게 복을 주시는 목적은 하나님의 영광을 위해 살며, 이웃에게 사랑을 실천하게 하는 데 있습니다. 그렇기에 가난하고 소외된 이웃을 돌보며 물질을 나누는 자가 하나님이 주신 복을 진정으로 누리는 사람이며, 범사가 잘되는 삶을 살아가는 사람입니다.

STEP 3 삶에 적용하기

1. '범사가 잘되는 축복'에서 범사(凡事)는 인생의 모든 일을 뜻합니다. 내 삶의 모든 영역에서 지금껏 하나님께 받은 복을 돌아보세요. 아래의 그림에서 내가 받은 복을 체크해 보고, 빈 동그라미에 그 외의 축복도 직접 적어 보세요.

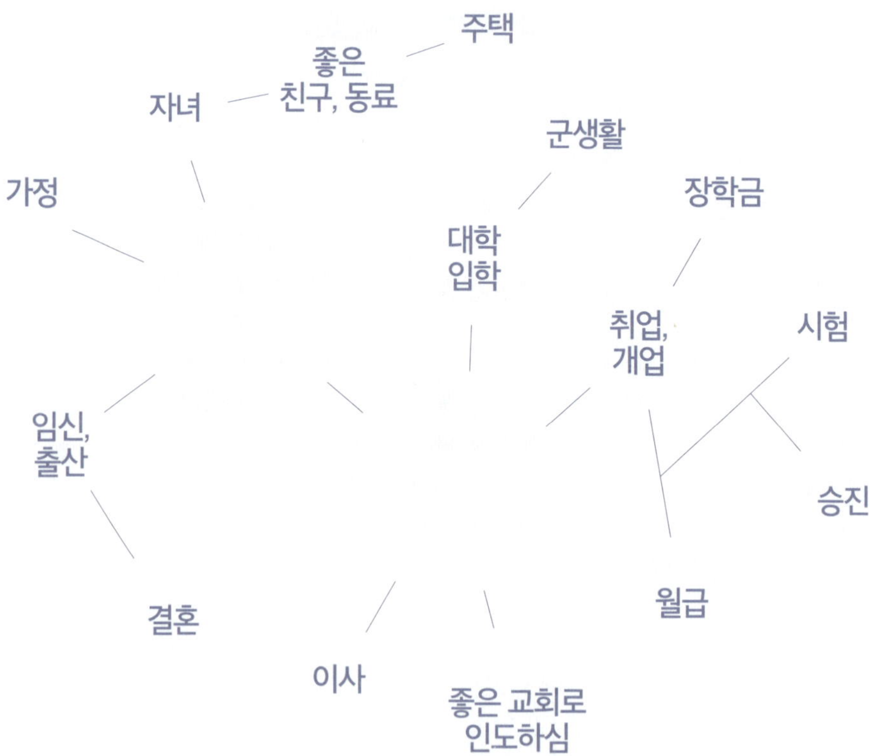

⇒ 위에서 체크한 복에 대해 서로의 경험을 나눠보세요.

2. 나의 마음이 복에 초점이 맞춰져 있는지, 아니면 하나님께 초점이 맞춰져 있는지 스스로 점검해 보세요.

영적 상태 체크리스트

- ☐ 나는 범사가 잘되게 하시는 하나님의 복을 기대합니다.
- ☐ 막연한 부를 추구하지 않으며 하나님의 사명을 함께 구합니다.
- ☐ 선한 영향력을 주변에 전하고자 하는 꿈이 있습니다.
- ☐ 어떤 일이든 성실함과 최선을 다하는 자세로 임합니다.
- ☐ 받은 복과 앞으로 받을 복에 감사하는 마음을 갖고 있습니다.
- ☐ 물질로 하나님과 이웃을 섬기는 일이 즐겁습니다.

3. 지금 내 주위에 도움의 손길이 필요한 사람이 있나요? 내 삶의 현장에서 하나님께 받은 복을 이웃과 함께 나눌 수 있는 구체적인 방법을 적어보세요.

핵심 요약

1. 저주와 축복

- 아담과 하와가 죄를 범함으로 심판을 받아 저주가 임했습니다.
- 예수님이 십자가 위에서 모든 저주를 속량하셨습니다.
- 예수님을 구주로 믿고 저주에서 해방된 크리스천은 범사가 잘 되는 형통의 복을 받습니다.

2. 복을 주시는 하나님

- 기복신앙은 물질적 축복에만 관심을 두는 잘못된 신앙입니다.
- 축복신앙은 복의 근원이신 하나님을 믿으며, 하나님이 주시는 복을 간구하는 신앙입니다.
- 영혼뿐만 아니라 범사에 임하는 복은 크리스천이 마땅히 구해야 할 하나님의 선물입니다.

3. 범사에 축복받는 비결

- 근면, 성실하며 맡은 일에 최선을 다하는 사람이 진정한 복을 받습니다.
- 하나님께 받은 복에 감사하며 온전한 헌금을 드려야 합니다.
- 하나님께 받은 복을 이웃과 함께 나누며 하나님의 영광을 위해 사용해야 합니다.

이영훈 목사의 힐링 스토리

미국 조지아주의 한 가난한 가정에서 태어난 트루엣 캐시는 하나님을 최우선으로 여기는 신앙을 가지고 성장했습니다. 그는 형제들과 함께 뼈 없는 치킨이라는 아이디어로 1967년 칙필레 첫 매장을 열었고, 이후 칙필레는 성장을 거듭하여 연간 매출 미국 내 3위의 음식점 프랜차이즈가 되었습니다(2023년 12월 기준).

칙필레의 특별함은 매출이 가장 많을 것으로 예상되는 주일에 오히려 매장의 문을 닫고 모든 직원이 교회에서 예배를 드린다는 점에 있습니다. "많은 재물보다 명예를 택할 것이요 은이나 금보다 은총을 더욱 택할 것이니라"(잠 22:1)라는 말씀을 경영 원리로 삼은 칙필레는 사업에 대해 다음과 같은 목적선언문도 두고 있습니다. "우리의 목적은 우리에게 맡겨진 모든 일을 완수하는 충직한 청지기가 되어 하나님께 영광을 돌리고 칙필레와 관계를 맺는 모든 사람에게 선한 영향력을 미치는 것이다."

트루엣 캐시가 93세로 세상을 떠났을 때, 그의 절친이었던 지미 카터 전 대통령은 그의 죽음을 애도하며 이렇게 말했습니다. "그의 삶의 모든 부분에는 크리스천의 신념이 고스란히 스며있었고, 그의 삶은 수많은 이들의 축복이었습니다." 이처럼 하나님 제일주의 신앙으로 운영되는 칙필레는 세계적인 기독교 기업으로 성장했고, 많은 사람에게 축복의 통로가 되고 있습니다.

QR을 찍어보세요.

Chapter 3

Brainstorming

건강염려증

건강염려증은 일종의 강박증으로 근거 없이 큰 병에 걸렸다고 걱정하는 병입니다. 건강염려증에 걸린 사람은 질병이 없다는 의사의 진단을 믿지 못해 여러 병원을 돌아다니며 반복적인 검사를 받는 닥터 쇼핑(doctor shopping)을 하는 경우가 많습니다. 또한 과도하게 건강을 걱정하는 바람에 두통, 가슴 두근거림, 소화불량 등의 증상이 실제로 나타나서 일찍 사망할 위험도 크다고 합니다. 아이러니하게도 건강에 대한 지나친 관심이 오히려 건강을 해친다는 것입니다.

건강에 대한 무관심도 문제이지만, 지나친 관심과 염려도 좋지 않습니다. 나는 어느 편에 속하나요?

1. 아래의 '건강염려증 자가 진단 테스트'를 통해 자신을 점검해 보세요.

건강염려증 자가 진단 테스트	체크
평소 감염과 같은 문제가 두려워 외출을 자제하는 편이다.	☐
정기적으로 챙겨서 먹는 약이 4가지 이상이다.	☐
몸이 조금이라도 이상하면 무조건 병원부터 간다.	☐
의료진의 말이 의심될 때가 있다.	☐
노화로 인해 아플 걸 생각하면 벌써부터 걱정되고 우울하다.	☐
증상 및 문제점이 수시로 바뀐다.	☐
건강에 대한 자료를 매일 찾아본다.	☐
정확히 어디가 아픈지는 모르겠지만, 몸이 늘 아프다.	☐

* 8개 항목 중 5개 이상 해당하면 건강염려증일 확률이 높아요.

2. 질병을 앓거나 사고로 건강을 잃었던 경험이 있나요? 그때의 경험을 적어 보세요.

TIPS

- 코로나에 걸려 기침과 근육통이 심할 때 뉴스에 나온 극단적인 사례들처럼 나도 건강을 회복하지 못할까 두려웠습니다.
- 교통사고를 당해 팔이 부러져서 병원에 입원해 있을 때 한쪽 팔을 사용하지 못해 혼자 생활하기 어려웠습니다.

Discussing

건강이 행복의 중요 요인이라는 데는 모두가 동의할 것입니다. 소중한 건강에 대해 우리가 가져야 할 올바른 태도는 무엇인지 이야기해 보세요.

Chapter 3

강건함의 축복

STEP 1 주제 말씀 쓰기

1. 요한삼서 1장 2절

사랑하는 자여 네 영혼이 잘됨 같이 네가 범사에 잘되고
강건하기를 내가 간구하노라

2. 베드로전서 2장 24절

친히 나무에 달려 그 몸으로 우리 죄를 담당하셨으니 이는
우리로 죄에 대하여 죽고 의에 대하여 살게 하려 하심이라
그가 채찍에 맞음으로 너희는 나음을 얻었나니

STEP 2 본문 내용 이해하기

1. 질병과 고통의 원인

사람에게 질병은 왜 생겼을까요? 성경이 말하는 질병의 원인이 무엇인지 적어보세요. 순복음의 12대 핵심진리 p.47-51

TIPS

아담과 하와가 하나님의 말씀을 거역하고 죄를 범함으로써 질병의 고통과 죽음이 세상에 들어왔습니다. 그 결과 모든 인간은 질병 가운데 고통당하며 죽을 수밖에 없는 존재가 된 것입니다. 성경에 나타난 질병의 원인은 크게 세 가지로 나타나는데, 첫째 죄로 인해, 둘째 마귀의 역사로 인해, 그리고 마지막으로 특별한 경우 하나님의 일 또는 영광을 드러내기 위해 질병이 발병하기도 합니다.

혹시 질병이나 고통 중에 있는 사람을 향해 '저 사람에게 질병이 생긴 이유는 죄를 지었기 때문일 거야.'라고 생각하며 정죄한 적이 있나요? 성숙한 크리스천은 질병이나 고통 중에 있는 사람에 대해 어떤 태도를 가져야 할까요? 순복음의 12대 핵심진리 p.47-51 참조

TIPS

좋으신 하나님은 질병의 고통까지도 사용하셔서 질병에 걸린 사람과 그 주변 사람들의 신앙을 성숙하게 만드시고, 질병이 치유되는 과정을 통해 하나님의 영광을 나타내십니다. 그러므로 질병에 걸린 사람이 있다면 그를 정죄하기보다 긍휼히 여기고 위로하며, 그를 위해 기도해야 합니다.

2. 치유의 근거

우리가 질병의 저주와 고통에서 벗어나 치유를 간구할 수 있는 근거는 무엇인가요? 순복음의 12대 핵심진리 p.51-54

TIPS

하나님의 아들이신 예수님이 우리를 대신해 십자가에서 피 흘려 돌아가심으로 인류의 모든 죄를 단번에, 영원히 대속하셨습니다(히 9:12). 예수님이 완전한 속죄를 이루셨기 때문에 누구든지 예수님을 믿기만 하면 죄 사함을 받고 모든 질병에서 놓여나게 됩니다.

치유의 기적을 체험하기 위해 우리는 어떤 마음과 믿음의 자세를 가져야 할까요? 순복음의 12대 핵심진리 p.55-57

TIPS

절대 긍정의 믿음을 가지신 예수님처럼 우리도 믿음의 눈으로 질병에서 나아 강건해진 모습을 바라보아야 합니다. 절대 긍정의 믿음으로 하나님의 영광이 나타날 것을 기대하고 기도하며 선포해야 합니다.
"이 병은 반드시 낫는다!"
"이 병은 하나님의 영광을 나타내기 위해 잠시 내게 허락된 것이다!"
"예수 이름으로 명하노니 병은 나에게서 떠날지어다!"
지금은 비록 연약할지라도 하나님의 영광을 바라보며 절대 긍정의 믿음을 선포할 때 질병이 물러가고 치유의 기적이 일어납니다.

3. 강건함의 축복을 누리는 비결

강건함의 축복을 누리는 비결 세 가지를 적어보고, 이 중 어떤 점이 나에게 부족한지 이야기해 보세요. 순복음의 12대 핵심진리 p.57-61

TIPS

첫째, 믿음의 기도를 드려야 합니다. 강건함의 축복을 바라보고 믿음의 언어를 선포할 때 마귀가 가져다주는 질병이 떠나갈 것입니다. 둘째, 거룩한 성전인 우리의 몸을 죄로 더럽히지 말고 거룩한 삶을 살아야 합니다. 셋째, 병에서 나았다면 우리는 먼저 치료해 주신 하나님께 감사드리고, 질병 없이 건강하게 생활하고 있다면 건강의 복을 주신 하나님께 감사드려야 합니다. 그리고 하나님의 영광을 위해 봉사하고 헌신해야 합니다.

강건함은 하나님이 주신 귀한 축복입니다. 그렇기에 강건함의 축복을 누리는 사람은 하나님께 감사하며 하나님을 위해 자기 몸을 드려 봉사하고 헌신하는 삶을 살아야 합니다. 나는 어떻게 헌신할 수 있을지 이야기해 보세요. 순복음의 12대 핵심진리 p.60-62

TIPS

하나님이 주신 건강은 하나님의 영광을 위해 사용될 때 하나님이 기뻐하십니다. 전 세계에 복음을 전하기 위해, 이웃을 사랑으로 섬기기 위해 어떻게 살아야 할지 각자 하나님이 주신 구체적인 사명을 발견하고 그것을 실천하는 삶을 살아야 할 것입니다.

ex) 찬양대 봉사, 교회학교 교사로 헌신하기, 하루 1명에게 복음 전하기 등

STEP 3 삶에 적용하기

1. 하나님의 은혜로 질병을 치유받은 경험이 있다면 적어보세요.

2. 자신과 가족, 혹은 주변에 하나님의 치유가 필요한 사람들이 있나요? 그들의 이름과 병명을 기록하고 그들을 위해 기도해 보세요.

이름

병명

3. 나는 하나님이 주신 건강을 감사히 여기고 있나요? 강건함의 축복을 누리기 위해 내가 할 수 있는 구체적인 방법을 적어보세요.

※ 절제하거나 금해야 할 것

☐ 음주 ☐ 흡연 ☐ 마약 ☐ 과로

☐ 편식 ☐ 과식 ☐ 게임 ☐ 핸드폰 과용

기타

※ 실천해야 할 것

1.

2.

3.

핵심 요약

1. 질병과 고통의 원인

- 질병과 고통은 많은 경우 죄에서 비롯됩니다.
- 마귀의 역사로 질병에 걸리기도 합니다.
- 질병은 하나님의 일과 영광을 드러내기 위한 도구가 될 수도 있습니다.

2. 치유의 근거

- 질병의 고통과 죽음의 저주에서 벗어날 수 있는 유일한 길은 죗값을 치르는 것입니다.
- 예수님이 완전한 속죄를 이루셨기에 이제 누구든지 예수님을 믿기만 하면 모든 질병의 권세에서 벗어날 수 있습니다.
- 믿음의 눈으로 병에서 나아 건강해진 모습을 바라봐야 합니다.

3. 강건함의 축복을 누리는 비결

- 질병을 치료받고 강건함의 축복을 누리는 첫 번째 비결은 믿음의 기도입니다.
- 죄를 멀리하고 몸과 정신에 해로운 것들을 금함으로써 거룩한 삶을 살아야 합니다.
- 하나님이 주신 건강한 몸으로 하나님의 나라와 영광을 위해 봉사하고 헌신해야 합니다.

이영훈 목사의 힐링 스토리

필리핀에서 사역하고 있는 서샬롬 선교사님은 두 살 때 소아마비로 한쪽 다리가 불편하게 되어서 지체 장애 3급을 받았습니다. 게다가 코와 입에서 수시로 피를 쏟고, 한여름에도 추위를 느껴 솜이불을 덮고 지내면서 마비, 통증, 구토, 설사에 시달렸습니다. 그러다 동네 형의 권유로 교회에 다니게 되었고, 교회 성도들의 도움으로 병원 진료를 받게 되었습니다. '기관지확장증'이라는 병에 걸렸다는 것을 알게 되었지만, 양쪽 폐가 이미 돌이킬 수 없는 상태였습니다. 의사는 현대의학으로 고칠 수 없다면서, 가능한 말도 많이 하지 말고 노래하면 죽을 수도 있다고 말했습니다.

그러나 선교사님은 죽을 각오로 신학교에 진학했고, 졸업한 후에는 피를 토하면서도 복음 가수로 활동했습니다. 이후 자비량 선교사로 필리핀에 갔는데, 그곳에서 열린 한 집회에서 목사님이 선포하시는 말씀을 들었습니다. "그가 찔림은 우리의 허물 때문이요 그가 상함은 우리의 죄악 때문이라 그가 징계를 받으므로 우리는 평화를 누리고 그가 채찍에 맞으므로 우리는 나음을 받았도다"(사 53:5). 그 순간, 말씀이 100% 믿어지면서 질병이 치유되는 기적을 체험했습니다. 서샬롬 선교사님의 고백입니다. "세상의 상식으로는 도저히 설명할 수 없는 기적이었습니다. … 더 이상 병은 나를 정복할 수 없습니다. 나를 살리신 하나님을 위해 찬양하며 이 목숨 다하는 날까지 하나님을 위해 살겠습니다."

QR을 찍어보세요.

Part 2.

순복음의
7대 신앙

순복음 신앙은 성경 말씀을 근거로 순복음 성도가 반드시 갖춰야 할 신앙의 기초를 7가지로 설명하는데, 이것이 '순복음의 7대 신앙'입니다. 순복음의 7대 신앙은 예수 그리스도의 대속의 은혜를 믿는 '갈보리 십자가 신앙'으로 시작하여, 능력 있는 신앙인이 되기 위한 '오순절 성령충만의 신앙', 복음 전파의 사명을 감당하는 '땅끝까지 전하는 신앙', 좋은 것으로 채워주시는 하나님을 믿는 '좋으신 하나님 신앙', 치료와 회복의 은혜를 체험하는 '병을 짊어지신 예수님 신앙', 천국 소망을 바라보는 '다시 오실 예수님 신앙', 그리고 이웃 사랑과 봉사를 실천하는 '나누어 주는 신앙'으로 마무리됩니다.

Chapter 4

순복음의 12대 핵심진리

Brainstorming

십자가와 나

'예수님의 십자가 사건'을 그리라고 하면, 대부분이 십자가에 달린 예수님부터 그릴 것입니다. 하지만 제임스 티소의 그림은 좀 다릅니다. 그의 그림을 보면 십자가와 예수님은 전혀 보이지 않고, 맨 아래에 예수님의 발가락만 살짝 보입니다. 대신에 십자가 위에 달리신 예수님의 시선으로 그곳에 있던 사람들을 보게 합니다. 즉 예수님을 바라보는 다양한 사람들의 모습이 보입니다. 그리고 우리에게 묻습니다.

예수님의 발가락

큰 그림을 보려면
QR을 찍어보세요.

"당신은 십자가에 달리신 예수님을 어떻게 바라보고 있는가?"

1. '십자가' 하면 가장 먼저 떠오르는 것은 무엇인가요?

TIPS 교회, 예수님, 장식품, 목걸이, 빨간색, 십자군 전쟁, 피 등

2. 십자가를 바라볼 때 어떤 감정이 드나요? 왜 그런 감정을 갖게 되는지 생각해 보고, 그 이유를 적어보세요.

슬픔, 기쁨, 분노, 사랑, 희망, 절망, 고통, 감사, 무감정, 그 외 ___________

TIPS ex) 고통: 예수님이 십자가에 달려 고난 당하시는 동안 얼마나 아프셨을까 하는 생각에 고통이 느껴집니다.

Discussing

십자가는 본래 로마제국의 '십자가형'에 사용되는 사형틀이었습니다. 그러다 예수님이 십자가에서 돌아가신 사건을 계기로 기독교의 대표적인 상징이 되었습니다. 오늘날 사람들은 십자가를 어떻게 생각할까요? 십자가에 대한 긍정적, 부정적 시각에 관해 이야기해 보세요.

Chapter 4

갈보리 십자가 신앙

STEP 1 주제 말씀 쓰기

1. 이사야 53장 6절

우리는 다 양 같아서 그릇 행하여 각기 제 길로 갔거늘 여호와께서는 우리 모두의 죄악을 그에게 담당시키셨도다

2. 베드로전서 1장 18-19절

너희가 알거니와 너희 조상이 물려 준 헛된 행실에서 대속함을 받은 것은 은이나 금 같이 없어질 것으로 된 것이 아니요

오직 흠 없고 점 없는 어린 양 같은 그리스도의 보배로운 피로 된 것이니라

STEP 2 본문 내용 이해하기

1. 죄로 인해 타락한 인간

아담과 하와는 뱀의 꾐에 넘어가 선악과를 따 먹었습니다. 이러한 행동이 왜 죄가 되나요? 또한 그 죄의 형벌은 무엇인지 적어보세요. 순복음의 12대 핵심진리 p.69-70

TIPS

선악과는 하나님의 주권을 상징하는 것입니다. 아담과 하와가 하나님이 금하신 선악과를 따 먹은 행위는 곧 창조주이신 하나님의 절대주권을 무시한 것이며, 하나님의 지엄한 명령에 불순종한 것입니다. 죄로 인해 타락한 인간은 결국 하나님을 떠나서 두려움과 불안, 가난과 질병, 고통과 죽음으로 뒤덮인 삶을 살게 되었습니다.

아담이 죄를 범함으로 세상에 죄와 사망이 들어왔습니다. 이후 모든 인간이 죄에 대해 어떤 상태가 되었는지 적어보세요.

순복음의 12대 핵심진리 p.71-73

TIPS

아담의 범죄 이후 모든 인간은 죄와 사망의 권세 아래 놓이게 되었습니다. 인간은 한 사람도 예외 없이 모두 죄 가운데 살아가는 존재가 되었습니다. 인간은 육신의 정욕과 안목의 정욕과 이생의 자랑을 따라 죄를 지으며 살아갑니다. 아무리 애쓰고 노력해도 죄에서 벗어날 수 없는 것이 절대 절망에 처한 인간의 운명입니다.

2. 예수 그리스도의 십자가 구원

하나님은 인류의 죄 문제를 해결하기 위해 예수님을 이 땅에 보내셨습니다. 예수님이 어떻게 죄의 문제를 해결하셨는지 적어보세요. 순복음의 12대 핵심진리 p.73-75

TIPS

죄의 삯은 사망입니다. 예수님은 모든 인류의 죄를 짊어지시고 속죄제물이 되셨습니다. 흠 없는 어린양 되신 예수님이 십자가에서 피 흘려 돌아가심으로써 우리를 위한 영원한 속죄를 이루신 것입니다. 예수님의 십자가 죽음을 통해 인류의 과거, 현재, 미래의 모든 죄가 완전히 사해졌습니다.

십자가에서 돌아가신 예수님은 죄와 사망의 권세를 이기고 부활하셨습니다. 나는 예수님의 십자가 죽음과 부활을 확실히 믿고 있나요? 이 사실을 믿는 자에게 주시는 하나님의 은혜는 무엇인가요? 순복음의 12대 핵심진리 p.75-76

TIPS

예수님의 십자가 죽음과 부활을 믿는 사람은 모두 죄 사함을 받고 하나님 앞에서 의롭다 칭함을 받게 됩니다. 우리는 예수 보혈의 공로로 용서받은 의인이 되었습니다. 이젠 그 누구도 우리를 정죄할 수 없습니다. 예수님을 믿는 자는 예수님과 연합되어 부활 생명을 얻게 됩니다. 예수님의 부활은 우리의 부활이요, 예수님의 승리는 우리의 승리입니다.

3. 거듭남의 은혜

성경은 누구든지 예수님을 믿으면 거듭나서 새로운 존재가 된다고 말씀합니다. 여기서 '거듭남'의 의미는 무엇인가요? 나는 예수님 안에서 거듭났음을 확신하나요? 순복음의 12대 핵심진리 p.77-78

TIPS

사람은 한 번 태어나지만, 크리스천은 두 번 태어납니다. 우리가 예수님을 믿을 때 우리의 영이 다시 태어나는데, 이를 '거듭남' 혹은 '중생'이라고 부릅니다. 성령님이 오셔서 우리를 감동, 감화시키고 우리의 영이 거듭나게 해주시는데, 바울은 이렇게 거듭난 사람을 '새로운 피조물'이라고 칭했습니다.

거듭남의 은혜를 체험하기 위해 선행되어야 하는 것은 무엇인가요? 또한 거듭남의 결과 우리가 누리는 은혜는 무엇인가요? 아래의 도식을 보고 괄호 안에 알맞은 낱말을 넣어보세요.

순복음의 12대 핵심진리 p.78-80

(진노)의 자녀		(하나님)의 자녀
나의 (의)	회개 → (믿음)	하나님의 (의)
죄인		(의인)

STEP 3 삶에 적용하기

1. 나는 거듭남의 은혜를 체험했나요? 내가 예수 그리스도를 구주로 영접하고 거듭나게 된 경험에 대해 나눠보세요.

2. 갈보리 십자가 보혈의 은혜로 내가 거듭나기 전과 후의 모습을 비교했을 때 달라진 점이 있나요?

BEFORE

AFTER

3. 주님 안에서 거듭난 나에게 아직 남아있는 옛 사람의 습관이 있나요? 이를 어떻게 개선할 수 있을지 방법도 함께 적어보세요.

• **옛 사람의 습관 :**

• **개선할 방법 :**

4. 보혈 찬양에는 능력이 있습니다. 보혈을 주제로 한 찬송가나 복음성가 중 한 곡을 택하여 가사를 적어보고, 직접 불러보세요.

• **찬송가의 예 :** 내 주의 보혈은 (254장 / 통일 186장)
예수 십자가에 흘린 피로써 (259장 / 통일 193장)
죄에서 자유를 얻게 함은 (268장 / 통일 202장)
샘물과 같은 보혈은 (258장 / 통일 190)

• **복음성가의 예 :** 보혈을 지나
주의 손에 나의 손을 포개고
주의 보좌로 나아갈 때에 (예수 피를 힘입어)
승리하였네
날 고치소서

핵심 요약

1. 죄로 인해 타락한 인간

- 아담과 하와는 하나님의 명령을 어기고 불순종의 죄를 범했습니다.
- 죄를 범한 아담과 하와는 하나님을 떠나 죄와 질병과 고통으로 뒤덮인 비참한 삶을 살게 되었습니다.
- 이후 모든 인간은 죄와 사망의 권세 아래 처하게 되었습니다.

2. 예수 그리스도의 십자가 구원

- 절대 절망에 빠진 인간을 구원하시기 위해 하나님의 아들이신 예수님이 십자가 죽음을 통해 영원한 속죄를 이루셨습니다.
- 십자가에서 죄를 대속하신 예수님은 죄와 사망의 권세를 이기고 부활하셨습니다.
- 예수님을 구주로 믿는 자는 부활 생명을 얻게 됩니다.

3. 거듭남의 은혜

- 거듭남의 은혜는 오직 예수님의 갈보리 십자가를 통해 옵니다.
- 거듭남의 은혜를 체험하기 위해서는 먼저 죄를 회개하고, 예수님이 구세주이심을 믿어야 합니다.
- 회개와 믿음을 통해 거듭난 사람은 하나님의 자녀가 되고, 하나님 앞에서 의롭다 칭함을 받게 됩니다.

이영훈 목사의 힐링 스토리

황영택 집사는 25세가 되던 해, 건설 현상에서 사고를 당해 하반신 마비가 되었습니다. 평생 휠체어를 탄 장애인으로 살아야 한다는 생각에 깊은 절망에 빠져 자살 시도도 해봤지만, 뜻대로 되지 않았습니다. 그러다 모태 신앙인으로 자란 그의 아내를 통해 하나님을 만나고 재활치료도 열심히 받았습니다. 그러다 휠체어 테니스를 시작했는데, 이후 10년간 국가대표 선수로 활동하며 장애인 아시안 게임에서 메달도 수상하고 대통령 표창도 받게 되었습니다.

그러던 중 2001년 스위스에서 월드컵 대회를 마치고 숙소로 돌아온 어느 날, 그는 자신이 십자가에 못 박히는 꿈을 꾸었습니다. 그때의 경험을 이렇게 고백합니다. "제가 십자가에 못 박히는데, 얼마나 아픈지, 얼마나 괴로운지, 내 죄를 위해 예수님이 돌아가셨다는 것이 어떤 것인지 생생하게 경험했습니다."

황영택 집사는 잠에서 깨자마자 눈물로 회개했습니다. 그러자 하나님이 "이전의 황영택은 죽고 이제는 그의 아들을 믿는 믿음 안에서 새로운 피조물로 살라!" 하시며 갈라디아서 2장 20절 말씀을 주셨습니다. 그는 귀국하자마자 기도원에서 7일을 금식하며 하나님의 뜻을 구했고, 37세에 성결대학교 성악과에 진학했습니다. 졸업 후 그는 '휠체어 성악가'로 활동하며, 절망에 처한 많은 사람에게 희망을 전하고 있습니다.

QR을 찍어보세요.

Chapter 5

손봉호의 12대 핵심진리

Brainstorming

종교는 No, 영성은 Yes!

흔히 현대사회를 탈종교적 사회라고 부릅니다. 하지만 사람들이 특정 종교를 믿지 않더라도 영적인 체험에는 관심이 많은 것 같습니다. 영성을 다룬 책들이 꾸준히 출판되고 있으며, 젊은이들이 많이 다니는 거리에는 타로카드 전문점이나 사주 카페가 성행하고 있습니다. 또한 지친 영혼에 쉼을 준다는 목적으로 심리 치료, 요가, 템플스테이 등에 참여하기도 합니다.

이러한 모습을 단순히 젊은이들의 유행이라고 봐야 할까요?

1. 예수님을 믿기 전에, 혹은 이후에라도 오늘의 운세, 타로카드, 사주풀이, 템플스테이 등을 경험한 적이 있나요? 그때의 경험을 이야기해 보세요.

TIPS

- 친구랑 연남동에 놀러 갔다가 재미로 타로 카페에 들어가서 타로점을 본 적이 있습니다.
- 신문이나 잡지를 보다가 가끔 오늘의 운세를 읽습니다.
- 미래는 불확실한데, 딱히 의논할 사람이 없어서 핸드폰으로 점을 본 적이 있습니다.

2. 사람들이 이처럼 관심을 기울이는 영성은 과연 무엇일까요? 내가 생각하는 영성의 의미를 이야기해 보세요.

TIPS

- 물리법칙을 초월한 보이지 않는 힘
- 사람의 마음을 꿰뚫어 보는 능력
- 무의식의 다른 표현
- 성령님이 주시는 힘

Discussing

요즘 젊은 세대가 신비주의나 샤머니즘 등에 큰 관심을 기울인다고 합니다. 왜 이런 현상이 나타나는 것인지 생각해 보고, 기독교 영성과의 차이는 무엇인지 이야기해 보세요.

ex) 불안한 미래, 멘토의 부재, 기성 종교에 대한 불신 등

Chapter 5

오순절 성령충만의 신앙

STEP 1 주제 말씀 쓰기

1. 사도행전 2장 1-4절

오순절 날이 이르매 그들이 다같이 한 곳에 모였더니
홀연히 하늘로부터 급하고 강한 바람 같은 소리가 있어 그들
이 앉은 온 집에 가득하며
마치 불의 혀처럼 갈라지는 것들이 그들에게 보여 각 사람
위에 하나씩 임하여 있더니
그들이 다 성령의 충만함을 받고 성령이 말하게 하심을 따라
다른 언어들로 말하기를 시작하니라

STEP 2 본문 내용 이해하기

1. 오순절 성령강림 사건

오순절 날, 성령이 강림하셨을 때 동반된 대표적인 세 가지 현상은 무엇인가요? 그 현상에 내포된 의미도 함께 적어보세요.
순복음의 12대 핵심진리 p.88-89

TIPS

첫째, 강한 바람과 같은 소리가 있었습니다. 이는 성령님이 강한 바람처럼 임하셔서 흑암의 권세를 몰아내고 마른 뼈와 같던 우리의 삶을 회복시켜 주심을 의미합니다. 둘째, 불의 혀처럼 갈라지는 것들이 임했습니다. 이는 성령님이 임하시면, 우리의 죄가 소멸되고 열정적인 복음의 증인으로 변한다는 의미입니다. 셋째, 방언을 말하기 시작했습니다. 방언기도는 우리를 더 깊은 하나님의 은혜 가운데로 이끌고, 기도할 바를 알지 못하는 우리를 위해 성령님이 하나님께 대신 간구해 주시는 기도입니다.

오순절 성령강림 사건이 왜 중요한가요? 그 사건에 담긴 의의는 무엇인지 설명해 보세요. 순복음의 12대 핵심진리 p.90-91

TIPS

오순절 성령강림 사건은 하나님 약속의 성취입니다. 구약의 선지자들을 통해 주신 말씀, 예수님이 승천하시기 전에 제자들에게 하신 말씀이 마침내 성취되었습니다. 또한 오순절 성령강림 사건은 종말 시대가 다가왔음을 의미합니다. 이 사건을 계기로 성령님이 마지막 때의 추수 사역을 위해 임하심으로써 성령님의 시대가 시작된 것입니다.

2. 성령님은 누구신가?

성령님은 하나님이시며 인격을 지니신 분이십니다. 나는 지금까지 성령님을 힘이나 능력 정도로 착각하진 않았나요? 성령님의 인격성이 우리에게 주는 은혜는 무엇인지 적어보세요.

순복음의 12대 핵심진리 p.92

TIPS

성령님은 삼위일체 하나님 중 한 분이시며, 하나님과 같은 속성을 갖고 계십니다. 또한 성령님은 지, 정, 의를 지닌 인격체이시기에 우리와 인격적인 교제를 나누십니다. 우리는 성령님과의 인격적인 교제를 통해 지혜와 지식을 구할 수 있고, 우리의 기쁨과 슬픔을 나눌 수 있으며, 성령님의 뜻을 분별하여 행할 수 있습니다.

성령님은 예수님을 대신해서 오신 '또 다른 보혜사'이십니다. 보혜사이신 성령님이 하시는 일은 구체적으로 무엇인가요?

순복음의 12대 핵심진리 p.93-94

TIPS

보혜사는 '중재자', '위로자'라는 뜻입니다. 보혜사로 오신 성령님은 예수님의 말씀을 생각나게 하시고 가르쳐 주시며, 예수님을 증언하시는 일을 하십니다. 또한 성령님은 죄, 의, 심판에 대해 세상을 책망하시고, 우리를 진리 가운데로 인도하십니다.

3. 성령충만한 신앙생활

성령침례와 성령충만은 불가분의 관계입니다. 이 둘이 지닌 각각의 의미와 이 둘의 관계를 설명해 보세요. 순복음의 12대 핵심진리 p.94-98

TIPS

성령침례는 중생 이후 성도가 성령님께 완전히 사로잡히는 체험입니다. 성령침례는 중생과 동시에 일어날 수 있으나, 중생과는 분명히 구별되는 체험입니다. 성령침례의 대표적인 외적 표적은 방언입니다. 성령충만은 성령침례와 마찬가지로 성령님 안에 완전히 잠기는 것을 뜻하는데, 첫 번째 성령충만을 '성령침례', 성령으로 충만한 상태가 지속되는 것을 '성령충만'이라고 부릅니다. 성도는 처음 성령침례를 받은 것에 만족해서는 안 되며, 믿음으로 승리하는 삶을 살기 위해서는 날마다 성령의 재충만을 받아야 합니다.

성령의 은사와 열매가 조화롭게 나타나야 우리의 신앙이 건강하게 성장합니다. 성령의 은사와 열매의 균형과 조화를 위해 우리는 어떻게 해야 할까요? 순복음의 12대 핵심진리 p.98-102

TIPS

성령의 은사는 성령님이 교회의 몸인 성도들에게 나누어 주시는 특별한 능력입니다. 성령의 은사를 받게 되면 더욱 자신을 낮추고, 이 은사를 활용하여 교회와 성도를 위해 봉사해야 합니다. 또한 우리는 성령의 은사와 함께 성령의 열매가 우리의 삶과 인격에 나타나도록 힘써야 합니다. 성령의 은사를 받아 교회의 덕을 세우고 성령의 열매를 맺음으로써 예수 그리스도를 닮아가는 작은 예수의 삶을 살아야 합니다.

STEP 3 삶에 적용하기

1. 우리는 어떻게 성령님과 인격적인 교제를 나눌 수 있을까요? 아래에 소개된 여러 방안 중에 내가 실천하고 있는 것, 혹은 실천하고자 하는 것을 체크해 보세요.

- ☐ 기도하거나 말씀을 묵상할 때 성령님의 인도하심을 구하기
- ☐ "성령님, 저와 동행해 주옵소서."라며 고백하고 일과를 시작하기
- ☐ 중요한 일과 결정을 앞두고 성령님께 지혜를 구하기
- ☐ 중보기도를 할 때 성령님의 위로하심과 도우심을 구하기
- ☐ 성령님이 기뻐하시는 일과 근심하시는 일을 분별하기 위해 노력하기

기타 방안 :

2. 성경은 다양한 성령의 은사를 말씀합니다. 성령의 은사가 기록된 말씀을 찾아보고(롬 12:6-8, 고전 12:7-11), 내가 받은 은사, 혹은 받고 싶은 은사를 적고 그 은사를 어떻게 사용하면 좋을지 이야기해 보세요.

3. 성령충만한 사람은 성령의 열매가 그의 삶과 인격 가운데 나타나야 합니다. 9가지 성령의 열매 중 자신에게 부족한 것은 무엇인지 돌아보고, 그것을 보완하기 위해 무엇을 해야 할지 생각해 보세요.

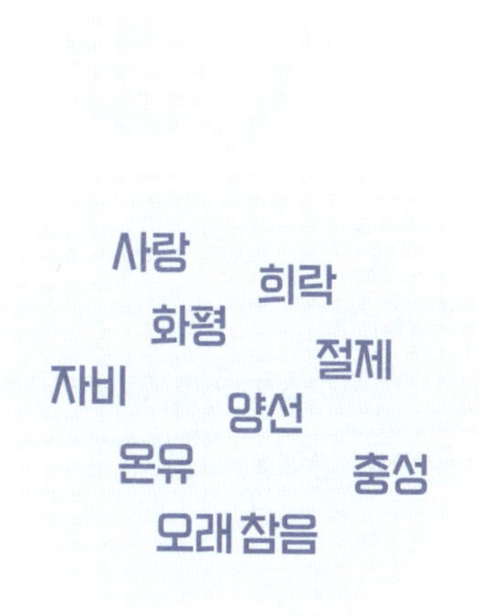

• 9가지 성령의 열매 중 내게 특히 부족한 속성은 무엇일까요?

• 부족한 속성을 보완하기 위해 내가 실천해야 할 것을 적어보세요.

핵심 요약

1. 오순절 성령강림 사건

- 예수님이 승천하신 후 오순절 날에 성령님이 120명의 제자들 위에 강림하셨습니다.
- 제자들은 성령충만을 받고 성령의 인도하심을 따라 방언으로 말하기를 시작했습니다.
- 오순절 성령강림 사건은 구약에 기록된 예언의 말씀과 예수님이 주신 약속의 말씀이 성취된 사건입니다.

2. 성령님은 누구신가?

- 성령님은 하나님과 동일하신 분이십니다.
- 성령님은 인격을 지니셔서 우리와 교제하십니다.
- 성령님은 우리를 위로하시고 예수님께로 인도하십니다.

3. 성령충만한 신앙생활

- '성령침례'는 성령님 안에 완전히 잠기는 것으로 중생과 구별되는 체험입니다.
- 성령침례 이후 성령으로 충만한 상태가 지속되는 것을 '성령충만'이라고 부릅니다.
- 성령충만한 성도는 성령의 은사를 통해 교회의 덕을 세우고, 성령의 열매를 맺음으로써 예수님의 인격을 닮아가야 합니다.

이영훈 목사의 힐링 스토리

우리 가족은 전통적인 장로교 집안이었습니다. 남쪽으로 내려온 후에도 장로교 교회에 출석하며 신앙생활을 이어갔습니다. 그러다 1964년, 제가 11살 되던 해에 우리 가족은 서대문 로터리 근처로 이사했는데, 할아버지께서 집 근처에서 새벽예배를 드리기 위해 순복음중앙교회(여의도순복음교회의 옛 이름)에 나가셨고, 이를 계기로 온 가족이 순복음 교회에 다니게 되었습니다.

순복음 교회의 모습은 제가 다녔던 장로교 교회와 사뭇 달랐습니다. 순복음 교회에서는 성도들이 북치고 박수치며 찬양하고, 기도할 때는 큰 소리로 부르짖었습니다. 그리고 조용기 목사님은 예배 때마다 "성령 받고 방언을 말하라."라고 말씀하셨습니다. 그때 저는 성령이 뭔지도 몰랐지만, 이 교회에서는 성령을 받지 않으면 안 되겠다는 생각에 성령충만을 위해 간절히 기도했습니다. 2년 후, 초등학교 졸업을 앞두고 열린 부흥회에서 저는 마침내 성령침례를 받고 방언을 말하기 시작했습니다. 그날 이후 제 마음은 예수님의 사랑과 은혜에 대한 감격으로 가득 찼습니다. 저를 위해 십자가에서 돌아가시고 부활하신 예수님의 은혜가 너무도 커서 예배 시간만 되면 울고 또 울었습니다. 어떻게 하면 친구들을 전도할 수 있을지, 어떻게 하면 예수님을 기쁘시게 할 수 있을지를 고민하며 하루하루 성령의 은혜 속에서 살아가게 됐습니다.

QR을 찍어보세요.

Chapter 6

손복음의 12대 핵심진리

Brainstorming

초연결사회

초연결사회란 '사람과 사람, 사람과 사물, 사물과 사물이 거미줄처럼 촘촘하게 네트워크로 연결되는 사회'를 뜻합니다. 초연결사회는 단지 기존의 인터넷과 모바일 등 기술적 발전뿐만 아니라 우리가 살아가는 방식의 변화를 가져왔습니다. 우리는 이제 핸드폰 하나만으로 물리적 거리나 국가적 경계에 상관없이 전 세계 사람들과 연결될 수 있습니다. 핸드폰에 카카오톡, 트위터, 인스타그램, 틱톡 등의 소셜 미디어 앱을 설치하면 세계 모든 사람과 실시간으로 대화하고 다양한 뉴스와 정보를 공유할 수 있게 되었습니다.

바로 우리의 손안에 세계와 연결되는 통로가 있습니다.

1. 나는 어떤 소셜 미디어 앱을 사용하고 있나요? 핸드폰에 설치된 소셜 미디어 앱을 통해 주로 무엇을 하나요?

TIPS
- 친구나 가족, 지인들과 대화, 선물, 송금 등
- 일상적인 사진이나 동영상, 좋은 글 공유
- 뉴스나 최신 정보 전달
- 온라인 쇼핑 링크 전달
- 복음 전파

2. 최근 소셜 미디어를 통해 들은 소식 중에 가장 기억에 남는 소식은 무엇인가요? 요즘 어떤 이야기가 젊은이들 사이에서 가장 인기 있나요?

TIPS
- 연예인 이야기
- 유튜브나 쇼츠 이야기
- 대학, 취업, 결혼 관련 소식

Discussing

전 세계가 네트워크로 연결된 '초연결사회'에서는 복음을 전하는 일이 더 쉬워졌을까요? 아니면 더 어려워졌을까요? 장단점을 이야기해 보세요.

ex) 장점 : 거리, 언어, 문화의 제약이 많이 사라짐
단점 : 정보 과잉 속에서 참된 복음을 찾기 어려움
특히 이단들의 온라인 포교 활동이 우려됨

Chapter 6

땅끝까지 전하는 신앙

STEP 1 주제 말씀 쓰기

1. 마태복음 28장 19-20절

그러므로 너희는 가서 모든 민족을 제자로 삼아 아버지와

아들과 성령의 이름으로 침례를 베풀고

내가 너희에게 분부한 모든 것을 가르쳐 지키게 하라

2. 사도행전 1장 8절

오직 성령이 너희에게 임하시면 너희가 권능을 받고

예루살렘과 온 유대와 사마리아와 땅 끝까지 이르러

내 증인이 되리라 하시니라

STEP 2 본문 내용 이해하기

1. 복음 전파의 사명

복음 전파는 선택의 문제가 아닙니다. 복음 전파는 예수님을 구주로 믿는 자가 마땅히 감당해야 할 사명입니다. 그렇다면 우리가 전해야 할 복음은 무엇인가요? 순복음의 12대 핵심진리 p.108

TIPS

하나님의 아들이신 예수님이 이 땅에 오셔서 구원의 길을 열어놓으신 것이 좋은 소식, 곧 복음입니다. 죽을 수밖에 없는 우리가 그리스도를 통해 영생을 얻게 되었으니, 이보다 더 좋은 소식은 없을 것입니다.

예수님은 승천하시기 전 제자들에게 유언과 같은 말씀을 남기셨는데, 이를 예수님의 '지상 명령'이라고 부릅니다. 예수님의 '지상 명령'의 내용은 무엇인가요? 순복음의 12대 핵심진리 p.109-111

TIPS

예수님의 지상 명령의 핵심은 전도입니다. 모든 민족에게 복음을 전해서 그들을 제자로 삼으라는 것입니다. 여기서 '제자'는 예수님의 말씀을 지켜 행하고 예수님의 삶을 따르는 사람을 말합니다. 구원받은 성도는 단지 구원받은 것에서 만족하지 말고 예수님의 제자 된 삶을 살아야 합니다. 우리도 예수님의 지상 명령에 순종해 복음을 전해야 합니다.

2. 성령님의 권능과 인도

예수님은 승천하시기 전 제자들에게 하나님이 약속하신 성령을 받을 때까지 예루살렘을 떠나지 말라고 당부하셨습니다. 예수님이 이처럼 성령 체험을 강조하신 이유는 무엇일까요?

순복음의 12대 핵심진리 p.114-116

TIPS

성령의 권능을 받아야만 비로소 능력 있는 복음의 증인이 될 수 있기 때문입니다. 제자들은 예수님의 말씀에 순종하여 성령님이 오시길 기다렸고, 마침내 오순절 날에 성령님이 그들 위에 임하셨습니다. 제자들이 성령으로 충만하여 복음을 전할 때 놀라운 표적과 기사가 뒤따랐습니다. 그 결과 수많은 사람이 회개하며 주님께 돌아왔고 교회가 세워지게 되었습니다.

최초의 이방인 교회인 안디옥교회가 선교를 시작하게 된 동기는 무엇인가요? 성령님과 복음 전파 사이에는 어떤 관계가 있는지 생각해 보세요. 순복음의 12대 핵심진리 p.116-118

TIPS

선교의 주관자는 성령님이십니다. 안디옥교회의 성도들이 금식하며 기도할 때 성령님이 그들에게 바나바와 사울을 따로 세워 선교사로 파송하라고 명하셨습니다. 바울은 예루살렘이든, 로마이든 성령님이 인도하시는 대로 갔습니다. 다른 사람들이 모두 가지 말라고 하는 곳일지라도 바울은 성령님의 인도하심을 따라갔습니다. 이처럼 성령님은 복음 전하는 자의 발걸음을 인도하시고 보호하십니다.

3. 전도자가 받는 축복

우리가 전도하면, 전도받은 사람이 구원받고 영생을 누리게 될 뿐 아니라, 전도한 우리도 복을 받습니다. 특히 전도자가 맛보는 기쁨에 대해 적어보세요. 순복음의 12대 핵심진리 p.119-120

TIPS

전도자는 영적 어부의 기쁨을 맛볼 수 있습니다. 잃은 영혼이 주님께 돌아오면 천국에서는 기쁨의 잔치가 열립니다. 이 같은 기쁨은 복음을 전하지 않는 사람은 결코 맛볼 수 없는 기쁨입니다.

천국에서는 전도를 많이 한 사람이 하나님 앞에 인정받고 존귀히 여김을 받게 됩니다. 전도자에게 주어지는 특별한 상급은 무엇인가요? 순복음의 12대 핵심진리 p.121

TIPS

전도를 통해 영혼 구원 사역에 동참하는 자에게는 자랑스러운 면류관이 주어질 것입니다. 주님 앞에서는 우리가 이 땅에 사는 동안 얼마나 많은 재물을 쌓았는지, 얼마나 높은 자리에 올랐는지는 아무 의미가 없습니다. 이 세상의 어떤 보물보다 귀한 한 영혼을 주님께 인도한 일, 그것이 가장 큰 자랑이 됩니다.

STEP 3 삶에 적용하기

1. 나는 땅끝까지 복음을 전파하라는 주님의 명령에 순종하고 있나요? 지금까지 몇 명을 전도했나요? 나의 '전도 리스트'를 만들어 보고, 복음을 전했던 경험을 나누어 보세요.

이름	어떻게 전도했나요?

2. 지금까지 한 명도 전도한 경험이 없나요? 전도가 어렵게 여겨지나요? 전도가 힘든 이유를 생각해 보세요.

- ☐ 영혼 구원에 관심이 없어요.
- ☐ 사람들에게 복음을 전했다가 거절당할까 두려워요.
- ☐ 전도 훈련을 받지 못했어요.
- ☐ 생활이 너무 바빠서 전도할 여력이 없어요.
- ☐ 어떻게 전도해야 할지 방법을 아예 모르겠어요.

기타 이유 :

3. 전도하기 위해서는 가장 먼저 영혼을 사랑하는 마음이 있어야 합니다. 나에게 그러한 마음이 있나요? 한 영혼을 살리고자 하는 간절한 마음을 달라고 기도해 보세요.

ex) 한 영혼을 불쌍히 여기는 마음, 전도의 사명에 불타는 마음을 주세요.
제 입술에 복음의 말씀을 넣어주시고, 그것을 전할 용기를 주세요.

TIPS

전도는 모든 성도에게 힘든 일입니다. 전도 잘하는 특별한 비결도 없습니다. 상대하는 사람마다, 상황마다 전도 방법은 다릅니다. 그렇기에 전도에서 가장 중요한 것은 마음가짐입니다. 내가 '단 한 명이라도 전도하겠다!'라고 결단하고, 작은 것부터 실천하는 것이 중요합니다.

4. 내 주변 사람 가운데 아직 예수님을 영접하지 못한 사람은 없는지 찾아 보세요. 아래의 '전도 대상자 카드'에 그 사람의 이름을 적고 기도 제목도 함께 나눠보세요.

대상자 이름	관계	대상자를 위한 기도 제목

핵심 요약

1. 복음 전파의 사명

- 복음 전파는 예수님을 구주로 믿는 자가 마땅히 감당해야 할 사명입니다.
- 예수님은 제자들을 부르셔서 전도의 일꾼으로 세우셨습니다.
- 예수님이 제자들에게 남기신 지상 명령의 핵심은 전도입니다.

2. 성령님의 권능과 인도

- 예수님의 지상 명령은 인간의 힘으로 할 수 없고, 오직 오순절 성령충만의 신앙을 가질 때 가능한 일입니다.
- 성령의 권능을 받아야만 비로소 능력 있는 복음의 증인이 될 수 있습니다.
- 성령님은 복음을 전하는 자의 발걸음을 인도하고 보호하십니다.

3. 전도자가 받는 축복

- 전도자는 영적 어부의 기쁨을 맛볼 수 있습니다.
- 전도자는 빛나는 영예를 얻고 하나님 앞에서 인정받고 존귀하게 여김을 받습니다.
- 전도를 통해 영혼 구원 사역에 동참하는 자에게는 자랑스러운 면류관이 주어질 것입니다.

이영훈 목사의 힐링 스토리

문준경 전도사님은 1891년 전남 신안군에서 태어나 17살에 남편의 얼굴도 모른 채 증도로 시집을 갔습니다. 그런데 남편은 외지로 떠돌며 딴 살림을 차렸고, 그녀는 남편 없이 시부모님을 모시며 20년을 살았습니다. 시부모님이 돌아가신 후에 목포로 갔는데, 그곳에서 복음을 듣고 예수님을 영접하게 되었습니다. 그 후 그녀의 인생은 완전히 달라졌습니다. 주님의 큰 사랑을 체험한 후, 그녀는 남편을 용서하고 오직 주님을 위한 삶을 살게 되었습니다.

1931년, 문준경 전도사님은 40세의 나이로 신학교에 진학했고, 신안 앞바다의 수많은 섬을 다니며 하나님의 사랑을 전했습니다. 당시 그녀의 별명은 '대리 거지'였습니다. 그녀가 부잣집에서 음식과 옷을 받아 가난한 사람들에게 나눠주었기 때문입니다. 또한 장티푸스 전염병이 돌았을 때, 그녀는 가족조차 외면한 환자들을 찾아가 돌보고 장례를 치러주며 주님의 사랑을 몸소 실천했습니다.

문준경 전도사님은 그렇게 전도하며 6년 동안 3개 교회와 3개의 기도처를 세웠습니다. 그러다 6.25 전쟁 때 공산당에게 체포되어 순교했습니다. 그녀의 영향력으로 증도의 인구 90%가 예수님을 믿게 되었고, 복음의 물결이 신안군 전체로 퍼져 14개 면, 1004개의 섬에 100여 개의 교회가 세워졌습니다.

QR을 찍어보세요.

Chapter 7

손복용의 12대 핵심진리

Brainstorming

천재의 또 다른 모습

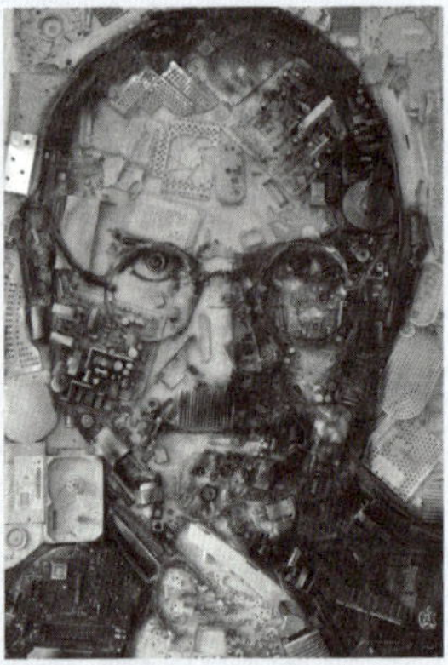

애플의 창업자인 스티브 잡스는 혁신의 아이콘으로 불립니다. 그의 창의적인 아이디어와 능력은 세상 사람들을 놀라게 했고, 그가 남긴 업적은 여전히 칭송되고 있습니다.

하지만 그는 함께 일했던 동료들에겐 그리 좋은 사람은 아니었던 것 같습니다. 우연히 엘리베이터에서 함께 탄 직원에게 갑자기 질문을 던지고, 대답이 마음에 들지 않으면 해고를 외쳤습니다. "You are fired!" 그는 때때로 변덕스럽고 비열했으며 냉혈한의 모습을 보였다고 합니다. 그의 측근 가운데 한 사람은 스티브 잡스를 '최악의 경영자 중 한 사람'이라고까지 평가했습니다.

1. "좋은 사람이다."라고 말할 때, 그 표현 속에는 여러 의미가 담겨 있습니다. 내가 생각하는 '좋은 사람'은 어떤 사람인가요?

TIPS
- 겸손하고 친절한 사람
- 성실히 자기 일을 하며 타인에게 피해를 주지 않는 사람
- 거짓말을 하지 않고 진실한 태도로 다른 사람을 대하는 사람

2. 어린 시절부터 지금까지 내가 만난 사람들 가운데 '좋은 사람'으로 기억에 남는 사람이 있나요? 그 사람이 왜 좋은 사람이었는지 이유도 적어보세요.

TIPS
- 친구 : 가정 형편이 어려웠을 때 선뜻 등록금을 도와주었음
- 선생님 : 우리를 늘 인격적으로 대해주시고 사랑해 주셨음

Discussing

나에게는 '좋은 사람'이었는데, 다른 사람에게는 좋지 않게 평가되는 사람이 있었나요? 같은 사람에 대해 왜 다른 평가가 있을까요? 모든 사람에게 '좋은 사람'이 과연 있을까요? 이에 관해 서로의 생각을 나눠보세요.

ex) 관계에 따라 관점과 평가가 다름. 좋은 사람에 대한 기준이 다름

Chapter 7

좋으신 하나님 신앙

STEP 1 주제 말씀 쓰기

1. 마태복음 7장 11절

너희가 악한 자라도 좋은 것으로 자식에게 줄 줄 알거든 하물며 하늘에 계신 너희 아버지께서 구하는 자에게 좋은 것으로 주시지 않겠느냐

2. 요한일서 4장 16절

하나님이 우리를 사랑하시는 사랑을 우리가 알고 믿었노니 하나님은 사랑이시라 사랑 안에 거하는 자는 하나님 안에 거하고 하나님도 그의 안에 거하시느니라

STEP 2 본문 내용 이해하기

1. 좋으신 하나님의 성품

사랑은 하나님의 성품 가운데서도 가장 중심적인 성품입니다. 하나님 사랑의 특징은 무엇인가요? 인간의 사랑과 비교했을 때 어떤 차이점이 있는지 생각해 보세요. 순복음의 12대 핵심진리 p.126

TIPS

인간의 사랑은 상황이나 형편에 따라 흔들리고 조건에 따라 달라집니다. 이에 반해, 하나님의 사랑은 차별과 조건이 없는 사랑, 긍휼과 자비와 은혜가 넘치는 사랑입니다. 무조건적이며 영원히 변치 않는 사랑은 오직 하나님의 사랑뿐입니다. 하나님은 이 같은 사랑으로 사람을 포함하여 만물에게 선을 행하시는 좋으신 하나님이십니다.

하나님이 정의롭고 공의로운 분이시라는 사실이 우리와 무슨 상관이 있나요? 순복음의 12대 핵심진리 p.127-128

TIPS

우리가 믿는 하나님은 정의롭고 공의로운 분이시기에 모든 이를 차별 없이 대하시고, 모든 일을 치우침 없이 공정하게 행하십니다. 그렇기에 누구도 하나님 앞에서 옳고 그름을 논할 수 없습니다. 나아가 하나님은 우리가 하나님의 공의를 전하는 통로가 되기를 원하십니다. 좋으신 하나님의 성품인 공의를 이 땅에 실현함으로써 하나님을 기쁘시게 하는 삶을 살아야 합니다.

2. 좋으신 하나님의 역사

하나님이 세상을 창조하셨습니다. 하나님의 창조를 '선한 창조'라고 부르는 이유는 무엇인가요? 순복음의 12대 핵심진리 p.131-132

TIPS

하나님이 창조하신 세상은 본래 선함과 아름다움으로 가득했습니다. 그래서 우리는 하나님의 창조를 '선한 창조'라고 부릅니다. 하나님이 지으신 모든 피조물은 창조주 하나님의 선하심을 반영하고 있습니다. 그렇기에 우리는 창조 세계 속에서도 좋으신 하나님을 만날 수 있습니다.

세상에서는 악한 사람들이 승승장구하는 것처럼 보일 때가 종종 있습니다. 이런 현실을 마주할 때 크리스천은 어떤 태도를 가져야 할까요? 순복음의 12대 핵심진리 p.133-135

TIPS

하나님이 지금 당장 악인을 심판하지 않는다고 해서 불의를 묵인하신다고 생각하면 안 됩니다. 하나님은 고통받는 자와 함께하시며, 종국에 모든 악을 바로잡고 정의를 실현하십니다. 마지막 때에 좋으신 하나님의 심판을 통해 악인은 영원한 형벌을 받게 되고, 의인은 영생을 얻어 주님과 함께 아름다운 천국에서 영원히 살게 될 것입니다. 그러므로 악인의 형통함을 부러워하지 말고, 좋으신 하나님을 신뢰하며 살아야 합니다.

3. 우리를 향한 하나님의 뜻

하나님의 섭리란 무엇인가요? 좋으신 하나님의 섭리를 믿고 따르는 사람의 삶은 어떻게 다른가요? 순복음의 12대 핵심진리 p.135-137

TIPS

창조에서 종말에 이르기까지 하나님은 절대주권으로 만물을 다스리고 계십니다. 이를 '하나님의 섭리'라고 합니다. 자연, 인간, 역사적 사건 등 세상의 크고 작은 모든 일은 우연히 일어나는 것이 아닙니다. 하나님이 그의 선하신 뜻에 따라 모든 피조물의 역사를 주관하십니다. 무엇보다, 좋으신 하나님은 우리를 향한 선한 계획을 갖고 계십니다. 우리의 현실이 힘들고 고난이 닥쳐올지라도 낙심하거나 절망하지 않고 하나님의 뜻에 순종하고 나아가면, 하나님은 모든 것이 합력하여 선을 이루게 하십니다.

하나님은 늘 우리와 함께하십니다. 이를 의미하는 하나님의 이름은 무엇인가요? 하나님의 함께하심에 대한 자신의 경험도 나누어 보세요. 순복음의 12대 핵심진리 p.139-141

TIPS

'임마누엘' 입니다(여기서 '임마누'는 '우리와 함께'라는 뜻이고 '엘'은 '하나님'을 의미합니다). 우리가 문제와 어려움을 당하면 가깝게 지내던 사람들도 등을 돌릴 때가 있습니다(예: 친구, 동료, 애인, 가족 등). 그러나 임마누엘의 하나님은 우리가 약할 때, 병들었을 때, 문제를 만났을 때, 실패하고 좌절했을 때 우리를 홀로 버려두지 않으시고 늘 우리와 함께하십니다.

STEP 3 삶에 적용하기

1. 나에게 하나님은 무섭고 엄격한 하나님이신가요, 아니면 좋으신 하나님이신가요? 내가 만난 하나님에 대한 수식어를 넣어보세요.

- ex) 언제나 나를 사랑하시는 **하나님**
- **하나님**
- **하나님**

2. 왜 하나님이 좋으신 분이신지 이야기해 보세요. 가능하면 구체적인 경험을 예로 들어 주세요.

☐ 나 같은 죄인을 구원해 주시고 좋은 교회로 인도해 주셨다.

☐ 실패처럼 보이던 상황을 도리어 선으로 바꿔주셨다.

☐ 내가 잘못을 저지를 때도 회개하면 사랑으로 용서해 주셨다.

☐ 예배와 기도 가운데 위로와 용기와 희망을 주셨다.

☐ 내가 힘들고 외로울 때 격려해 주는 사람을 보내주셨다.

기타 :

3. 당시에는 이해할 수 없었지만, 지나온 인생길을 돌아보니 하나님의 선한 뜻이 있었음을 깨닫게 되는 경우가 있습니다. 내 생각, 내 소원대로 되지 않았으나 하나님의 선한 뜻을 깨닫게 된 일에 관해 적어보세요.

내 생각, 내 소원		하나님의 선한 뜻
	VS	

4. 지금까지 나와 함께하셔서 내 발걸음을 인도해 주신 하나님께 감사의 기도를 적어보세요.

핵심 요약

1. 좋으신 하나님의 성품

- 우리가 믿고 섬기는 하나님은 참으로 좋으신 하나님이십니다.
- 하나님은 사랑과 공의의 하나님이시며, 전지전능하고 불변하며 영원하신 분이십니다.
- 우리가 온전히 신뢰하고 의지할 분은 오직 좋으신 하나님뿐입니다.

2. 좋으신 하나님의 역사

- 하나님은 아름답고 선하게 세상을 창조하셨습니다.
- 하나님은 예수님의 십자가 죽음을 통해 우리를 죄에서 구원하셨습니다.
- 하나님은 마지막 심판의 때에 악인에겐 영원한 형벌을 내리시고, 의인에겐 영생을 주십니다.

3. 우리를 향한 하나님의 뜻

- 하나님은 선하신 뜻에 따라 모든 피조물의 역사를 주관하십니다.
- 하나님은 우리에게 넘치도록 풍성한 복을 주기 원하십니다.
- 하나님은 우리와 늘 함께하시는 임마누엘 하나님이십니다.

이영훈 목사의 힐링 스토리

김선태 목사님은 불교 가정에서 태어났지만, 어린 시절 친구를 따라 교회에 다녔습니다. 10살 때 6.25 전쟁으로 부모님을 잃고 고아가 된 그는 수류탄 사고로 두 눈마저 잃게 되었습니다. 삶의 마지막 희망조차 끊어질 위기 앞에서 그는 하나님께 부르짖었습니다. 그때 "염려하지 말라, 너는 내 사랑하는 아들이다."라는 주님의 음성을 듣고 희망을 되찾았습니다.

그는 성경 말씀을 붙들고 기도하면서 새로운 도전을 시작했습니다. 당시 시각장애인은 대학에 진학할 수 없었지만, 문교부를 33번이나 찾아가며 요청한 끝에 숭실대학교에 입학했고, 졸업 후 신학을 공부하여 미국에서 목회학 박사 학위를 받았습니다. 그는 한국에 돌아와 시각장애인들의 치료와 복지를 위해 헌신하며 실로암안과병원, 실로암복지관과 요양원을 설립했습니다. 이러한 공로를 인정받아 김선태 목사님은 2007년에 아시아의 노벨상이라고 불리는 막사이사이상을 수상했고, 지금도 의료선교 활동을 열심히 이어가고 있습니다.

그는 이렇게 고백합니다. "누구나 인생의 어두운 순간을 만날 때가 있습니다. 그러나 인생 어디서나 어떤 모양으로든 인도하시는 하나님의 따뜻한 빛이 있기에 절대로 삶을 포기하지 말아야 합니다."

QR을 찍어보세요.

Chapter 8

Brainstorming

인공지능(AI)이 진단하고 치료한다!

첨단 장비와 인공지능을 활용한 의료 서비스들이 등장하면서 '디지털 헬스케어'에 대한 관심이 높아지고 있습니다. '디지털 헬스케어'란 디지털 기술과 데이터를 활용해 환자의 상태를 진단하고 치료하는 서비스를 의미합니다.

전 세계적으로 의료 AI 시장의 규모는 해마다 증가하고 있으며, 앞으로도 더욱 엄청난 금액의 투자가 이뤄질 것으로 보입니다(2034년 약 830조 원 예상). 이러한 연구를 기반으로 미래에는 질병 없는 세상이 실현될까요?

1. 다가올 미래에 우리 삶에 활용될 '디지털 헬스케어'에는 어떤 것들이 있을까요?

TIPS
- 스마트 거울로 혈관, 체온, 근육 움직임을 통해 건강 상태 모니터
- 스마트 침대, 변기 등으로 발병 위험을 예측

2. 머지않은 미래에 우리는 인간 의사가 아닌 AI 의사 앞에 앉아 진단받고 치료받을지도 모릅니다. 의료계의 인공지능 발달로 인해 예상되는 긍정적인 면과 부정적인 면은 무엇일까요?

TIPS
- 긍정적인 면: 진단의 정확성과 속도 향상, 개인 맞춤형 치료, 의료 인력의 효율성 증대, 원격 치료 가능 등
- 부정적인 면: 데이터 보안, 개인정보 유출, 기술 오류로 인한 문제점 발생, 일자리 감소, 윤리적 문제 등

Discussing

인공지능이 질병을 진단하고 치료해 주는 시대가 도래하면 인류는 질병으로부터 안전할까요? 새롭게 발견되는 질병에 대한 우려는 사라질까요? 이에 대한 서로의 생각을 나눠보세요.

Chapter 8

병을 짊어지신 예수님 신앙

STEP 1 주제 말씀 쓰기

1. 마태복음 8장 14-17절

예수께서 베드로의 집에 들어가사 그의 장모가 열병으로
앓아 누운 것을 보시고
그의 손을 만지시니 열병이 떠나가고 여인이 일어나서 예
수께 수종들더라
저물매 사람들이 귀신 들린 자를 많이 데리고 예수께 오거
늘 예수께서 말씀으로 귀신들을 쫓아 내시고 병든 자들을
다 고치시니
이는 선지자 이사야를 통하여 하신 말씀에 우리의 연약한
것을 친히 담당하시고 병을 짊어지셨도다 함을 이루려 하
심이더라

STEP 2 본문 내용 이해하기

1. 질병을 대속하신 예수님

예수님의 공생애 사역의 3분의 2가 치유 사역입니다. 예수님이 행하신 치유 사역의 특징은 무엇인가요? 순복음의 12대 핵심진리 p.147-150

TIPS

첫째로, 위대한 치료자이신 예수님은 각양각색의 병을 치료하셨습니다. 둘째로, 예수님이 불쌍히 여기시는 자에게 치료의 은혜가 임했습니다. 셋째로, 예수님은 다양한 방법으로 치유의 기적을 행하셨습니다. 넷째로, 예수님은 치유의 기적을 행하실 때 믿음을 보셨습니다. 다섯째로, 예수님은 죄 사함과 병 고침의 사역을 분리하지 않으셨습니다.

예수님의 치유 사역은 어떻게 완성되었나요? 그로 인해 우리가 어떠한 축복을 누리고 있는지 적어보세요. 순복음의 12대 핵심진리 p.150

TIPS

예수님은 인간을 구원하시기 위해 십자가 고난과 죽임을 당하셨고, 이때 "다 이루었다"(요 19:30)라고 말씀하셨습니다. 예수님의 구원 사역이 십자가를 통해 완성된 것입니다. 더욱이 예수님이 십자가에서 완성하신 구원은 영혼 구원의 영역에만 영향을 미치는 것이 아니라, 전인적인 구원입니다. 예수님의 십자가 구원으로 인간의 영혼과 육체와 환경이 모두 회복되었습니다.

2. 치료와 회복의 은혜

예수님이 제자들에게 주신 능력은 무엇인가요? 그로 인해 어떠한 일이 일어났나요? 순복음의 12대 핵심진리 p.151-153

TIPS

예수님은 제자들에게 더러운 귀신을 쫓아내며 모든 병과 모든 약한 것을 고치는 권능을 주셨고, 제자들이 성령의 권능을 받아 위대한 사역을 할 것이라 말씀하셨습니다. 예수님의 말씀처럼 성령의 권능을 받은 제자들을 통해 복음이 널리 전파되고, 병 고침의 역사가 일어났습니다. 이러한 병 고침의 역사는 과거에 일어났던 사건에 머물지 않고 오늘날에도 계속됩니다.

예수님이 제자들에게 말씀하신 복음 전파를 위한 표적은 무엇일까요? 복음을 전파할 때 우리를 통해서도 표적이 나타나고 있는지 생각해 보세요. 순복음의 12대 핵심진리 p.154-155

TIPS

예수님은 승천하시기 전 제자들에게 “온 천하에 다니며 만민에게 복음을 전파하라”라고 명하시고, 이때 믿는 자들에게 ‘표적’이 따를 것이라고 말씀하셨습니다. ‘표적’은 영어로 ‘사인’(sign), 즉 ‘표시, 징조’를 뜻합니다. 이는 제자들이 전한 복음이 진리임을 확증하기 위해서, 제자들이 하나님의 사람임을 보증하기 위해 나타나는 놀라운 기적을 의미합니다. 우리도 성령의 사람이 되어 우리를 통해 표적이 나타나서 하나님 나라의 확장을 위해 크게 쓰임 받는 사람이 되어야 합니다.

3. 치료자 예수님을 믿는 신앙

예수님의 보혈에는 어떤 능력이 있나요? 보혈의 능력을 믿는 크리스천은 어떤 삶을 살아야 하는지 이야기해 보세요.

순복음의 12대 핵심진리 p.156-157

TIPS

우리를 구원하시기 위해 흘리신 예수 그리스도의 피를 보배로운 피, 즉 '보혈'이라고 합니다. 이러한 예수님의 보혈은 질병을 일으키는 마귀를 이기는 힘이 있습니다. 마귀는 우리를 정죄하려고 하지만 모든 죄는 예수 그리스도의 보혈로 깨끗하게 씻음을 받았습니다. 따라서 우리는 날마다 예수 보혈의 능력을 의지해야 합니다. 그 능력을 힘입어 살아갈 때 우리는 죄악과 저주, 질병에서 벗어나 승리하는 삶을 살아가게 되는 것입니다.

우리가 예수 이름의 권세를 의지하여 기도해야 하는 이유는 무엇인가요? 예수님의 이름에 어떠한 능력이 있는지 적어보세요.

순복음의 12대 핵심진리 p.158-159

TIPS

예수님의 이름은 곧 예수님의 존재 자체이며, 예수님의 능력과 권세입니다. 예수님은 자신의 이름으로 무엇이든지 구하면 그것을 이뤄주겠다고 약속하셨습니다. 그렇기에 우리는 하나님께 간구할 때 예수 이름의 권세를 의지하여 기도해야 합니다. 예수 이름의 권세가 질병을 물리치고 치유의 기적을 일으키는 것입니다.

STEP 3 삶에 적용하기

1. 하나님의 치료하심과 회복에 대한 성경 말씀을 찾아서 읽어 보고, 그중에서도 내가 기억하고 암송하고 싶은 말씀을 적어보세요. 집안 곳곳 자신의 시선이 머무는 곳에 말씀을 붙여놓고 기억하는 것도 추천합니다.

출애굽기 15장 26절

야고보서 5장 15절

이사야 53장 5절

마태복음 14장 36절

예레미야 17장 14절

시편 41편 3절

마가복음 5장 34절

• 내가 기억하고 암송할 말씀

2. 나는 예수 그리스도의 보혈의 능력과 그 이름의 권세를 적극 활용하고 있나요? 삶의 자리에서 실천할 일을 다짐하고, 어떻게 실천할 수 있을지 이야기 나누어 보세요.

- **실천 1. 보혈 찬송 부르기** (보혈 찬송가의 가사도 적어보세요)

  ex) 찬송가 250장 「구주의 십자가 보혈로」, 252장 「나의 죄를 씻기는」

  259장 「예수 십자가에 흘린 피로써」, 260장 「우리를 죄에서 구하시려」

- **실천 2. 믿음으로 선포하기**

  ex) 예수 이름으로 명하노니 악한 마귀는 떠나가라!

  예수 그리스도의 보혈로 씻음 받아 모든 병은 나았다!

- **실천 3. 신유 체험 간증하기**

- **실천 4. 아픈 이를 위해 중보기도하기**

핵심 요약

1. 질병을 대속하신 예수님

- 예수님은 이사야 선지자가 예언한 모습 그대로 우리를 대신해 채찍에 맞으셨고 징계를 받아 십자가에 달려 돌아가셨습니다.
- 예수님은 공생애 사역을 통해 아픈 사람들을 치료하셨습니다.
- 예수님이 십자가에서 이루신 전인 구원을 통해 우리는 죄의 용서뿐 아니라, 질병과 고통으로부터도 회복되었습니다.

2. 치료와 회복의 은혜

- 예수님은 제자들에게 병 고치는 권능을 주셨습니다.
- 복음이 전파되는 곳마다 많은 기사와 표적이 나타났습니다.
- 치료와 회복의 역사는 성령님을 통해 지금도 계속해서 일어나고 있습니다.

3. 치료자 예수님을 믿는 신앙

- 예수님은 치료자가 되십니다.
- 예수님의 보혈에는 질병을 가져다주는 마귀를 이기는 힘이 있습니다.
- 예수 이름의 권세를 의지하여 기도할 때 능력과 기적이 나타납니다.

이영훈 목사의 힐링 스토리

1959년 레이크우드 교회를 설립한 존 오스틴 목사의 부인인 도디 오스틴은 남편과 함께 교회를 섬겼습니다. 그러다 1981년 12월, 그녀는 갑작스럽게 악성 간암 말기 진단을 받았습니다. 담당 의사조차 그녀가 얼마 살지 못할 것이라고 말했습니다. 그러나 그녀는 포기하지 않았습니다. 다음 날 아침에 그녀는 남편과 함께 치유를 간구하는 기도를 드렸습니다. 남편이 "무화과나무를 저주하신 예수님의 이름으로 암의 뿌리를 저주하노니 내 아내에게서 떠나라!"라고 말할 때, 그녀는 "나는 암이 치료받았다."라고 선포했습니다. 그녀는 믿음으로 하나님의 치유하심을 바라본 것입니다.

그녀는 결혼식 사진을 가져다 벽에 걸어놓고 날마다 사진 속의 건강한 자기 모습을 바라보았습니다. 그리고 치료에 대한 하나님의 말씀을 40개 뽑아서 적어 붙여놓고 날마다 입술로 선포했습니다. "저가 채찍에 맞음으로 나음을 받았도다!", "나는 너를 치료한 야훼니라." 얼마 후 기적이 일어났습니다. 식욕이 돌아와 음식도 잘 먹게 되고 몸이 점차 회복되기 시작했습니다. 의사의 예상과는 달리 그녀는 몇 주 만에 완전히 치료를 받았습니다.

의학적인 방법으로는 치료가 불가능했지만, 믿음의 고백을 통해 놀라운 치료의 기적이 나타난 것입니다. 그로부터 40여 년이 지난 지금까지도 그녀는 전 세계를 다니며 하나님이 베풀어 주신 치료의 은혜를 간증하고 있습니다.

QR을 찍어보세요.

Chapter 9

순복음의 12대 핵심진리

Brainstorming

지구 종말 90초 전

1947년, 아인슈타인을 주축으로 한 핵 과학자들이 핵무기의 위험을 경고하기 위해 '지구 종말 시계'를 만들었습니다. 자정을 지구 멸망 시점으로 설정했을 때 당시 지구 종말 시계는 11시 53분, 즉 종말 7분 전이었습니다. 오늘날에는 핵무기뿐 아니라 전쟁, 지진, 화산, 바이러스, 기후 변화 등 다양한 요인들을 고려하여 지구 종말 시각을 설정합니다. 2018년에는 지구 종말까지 2분, 2020년에는 100초, 2023년에는 90초가 남았다고 발표했습니다.

지금, 지구 종말 시계는 몇 시를 가리키고 있을까요?

1. 아래의 그림을 보면 어떤 생각이 드는지 이야기해 보세요.

TIPS
- 세상의 종말이 정말 다가오고 있다는 생각에 경각심을 갖습니다.
- 미래가 암울하게 여겨져서 다음 세대가 염려됩니다.
- 앞으로 세상은 더욱 살기 힘들어질 것 같다고 생각합니다.

2. 현재 많은 나라에서 기후 변화로 인해 지구가 멸망하지 않도록 다양한 노력을 기울이고 있습니다. 나는 이러한 노력에 얼마나 동참하고 있나요?

TIPS
- 일회용품 사용 줄이기
- 대중교통 이용하기
- 헌 옷, 헌 물건을 버리지 않고 수선해서 활용하기, 혹은 나누기
- 환경 동아리나 캠페인에 참여하기

Discussing

많은 사람이 세상의 종말을 두려워합니다. 나는 어떤가요? 종말이 빨리 오기를 기대하나요, 아니면 늦게 오기를 바라나요? 그 이유는 무엇인지 서로 이야기해 보세요.

Chapter 9

다시 오실 예수님 신앙

STEP 1 주제 말씀 쓰기

1. 마가복음 13장 26절

그 때에 인자가 구름을 타고 큰 권능과 영광으로 오는 것을 사람들이 보리라

2. 요한계시록 22장 20절

이것들을 증언하신 이가 이르시되 내가 진실로 속히 오리라 하시거늘 아멘 주 예수여 오시옵소서

STEP 2 본문 내용 이해하기

1. 예수님의 재림에 대한 약속

성경은 부활하시고 승천하신 예수님이 이 세상에 다시 오실 것(재림)에 대해 분명히 기록하고 있습니다. 예수님이 재림하시는 목적은 무엇일까요? 순복음의 12대 핵심진리 p.168-170

TIPS

예수님이 재림하시는 목적은 크게 세 가지로 설명할 수 있습니다. 첫째, 예수님이 이 땅에 다시 오시겠다고 약속하신 말씀을 이루시기 위함입니다. 둘째, 사망 권세를 멸하시고 그리스도 안에서 죽은 자들을 부활시키기 위함입니다. 셋째, 세상을 심판하시기 위함입니다.

예수님이 언제 이 세상에 다시 오실까요? 예수님의 재림이 임박했을 때 세상에 나타날 징조는 어떤 것들이 있을까요?

순복음의 12대 핵심진리 p.170-171

TIPS

예수님 재림의 시기, 즉 정확한 때와 시간은 아무도 알지 못합니다. 오직 하나님만 아십니다(마 24:36). 그러나 예수님은 말세의 징조를 우리에게 알려주셨습니다. 적그리스도의 출현, 난리와 난리 소문, 나라와 민족 간의 대적, 기근과 지진, 크리스천의 환란, 미움이 가득하고 사랑이 식은 세상, 복음이 땅끝까지 전파되는 것 등입니다(마 24:5-14). 이러한 징조를 통해 우리는 종말의 때가 가까이 왔음을 짐작할 수 있습니다.

2. 예수님의 재림 때 일어날 일들

예수님이 재림하실 때 어떤 일들이 일어날까요? 빈칸에 들어갈 말을 적어보세요. 순복음의 12대 핵심진리 p.172-177

- [1]□□재림 — 신부인 교회와 성도들은 [1]□□에서 예수님을 영접하고 7년 [2]□□□□에 참여하게 됩니다.

↓

- 7년 환란

↓

- [3]□□재림 — 인류 최후의 전쟁인 [4]□□□□이 일어나고, 적그리스도와 거짓 선지자는 붙잡혀 불 못에 던져지고 사탄은 무저갱에 감금됩니다.

↓

- 천년왕국

↓

- 최후 심판 — 예수님을 믿고 구원받은 성도는 [5]□□□에 이름이 적혀 있을 것입니다. 그러나 [5]□□□에 이름이 적혀 있지 않은 사람은 심판받아 지옥에서 영원한 고통을 당하게 됩니다.

↓

- 새 하늘과 새 땅

TIPS

1 - 공중, 2 - 혼인잔치, 3 - 지상, 4 - 아마겟돈, 5 - 생명책

3. 재림을 기다리는 성도의 자세

예수님이 재림하시는 때가 언제인지 아무도 알지 못하기에 우리는 늘 깨어 준비해야 합니다. 예수님이 '슬기로운 다섯 처녀'의 비유를 통해 준비하라고 가르쳐 주신 것은 무엇인가요?

순복음의 12대 핵심진리 p.178

TIPS

우리는 기름을 충분히 준비해야 합니다. 여기서 기름은 성령의 기름 부으심, 즉 성령충만을 의미합니다. 그렇기에 예수님의 재림을 준비하는 자는 말씀과 기도를 통해 늘 성령으로 충만하기 위해 애써야 합니다.

초대교회의 성도들은 생명을 위협받는 극심한 박해 속에서도 믿음을 지켜냈습니다. 어떻게 이러한 일이 가능했을까요? 초대교회의 이 같은 신앙이 오늘날 우리의 삶과 어떤 연관성이 있는지 적어보세요. 순복음의 12대 핵심진리 p.180

TIPS

초대교회 성도들에게는 예수님이 재림하실 때 영광스러운 모습으로 부활하여 천국에서 영원토록 예수님과 함께하리라는 믿음이 있었습니다. 이러한 천국 소망이 있었기에 그들은 극심한 박해 속에서도 믿음을 지키고 그리스도를 증언하는 삶을 살 수 있었습니다. 우리도 이러한 초대교회의 재림 신앙을 계승해야 합니다. 우리는 이 땅에 소망을 두지 말고, 어떤 환경에서도 믿음으로 천국을 바라봐야 합니다. 예수님의 재림과 천국 소망이 현재의 고난을 이겨낼 힘과 믿음의 경주를 할 수 있는 인내를 줄 것입니다.

STEP 3 삶에 적용하기

1. 요즘 나의 주된 관심사는 무엇인가요?

2. 예수님의 재림은 멀게 느껴지고, 현재의 삶에 필요한 것에만 관심을 쏟고 있지는 않은가요?

• 내 관심 비율 알아보기

▶ 바구니에 담긴 것 중에서 내가 관심이 있는 것을 골라서 양쪽 쟁반에 그려보세요. 저울이 어느 쪽으로 기울까요?

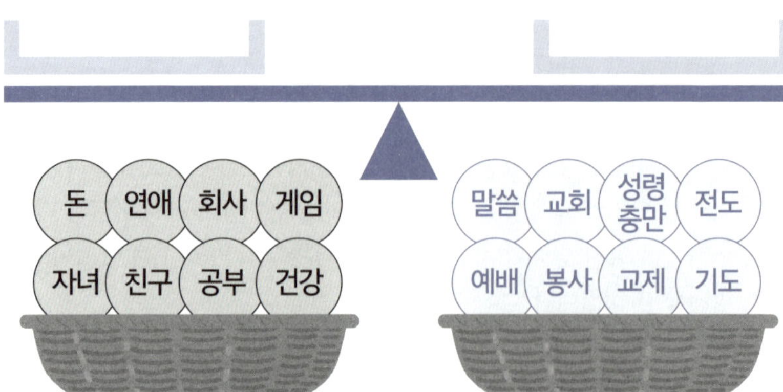

3. 오늘 밤에 예수님이 다시 오신다면, 나는 예수님의 재림을 맞을 준비가 되어 있나요? 아래의 문항을 보고 자신을 점검해 보세요.

✓ 체크 리스트	YES	NO
1. 나는 믿음으로 구원받았다는 확신이 있나요?		
2. 나는 크고 작은 죄에 대해 날마다 회개하고 있나요?		
3. 나는 예배, 말씀, 기도 생활을 잘하고 있나요?		
4. 나는 내 직분을 잘 감당하고 있나요?		
5. 나는 하나님이 주신 달란트를 잘 활용하고 있나요?		
6. 나는 한 영혼이라도 주님께 인도했나요?		
7. 나는 가족과 지인들의 구원을 위해 기도하고 있나요?		
8. 나는 시간을 낭비하지 않고 성실하게 살고 있나요?		
9. 나는 싸웠거나 미워했던 사람과 화해했나요?		
10. 나는 성령으로 충만한가요?		
합계		

4. 위의 체크리스트에서 내게 부족한 것은 무엇인가요? 예수님의 재림을 기다리며, 내가 해야 할 가장 급하고 중요한 일은 무엇인지 적어보세요.

핵심 요약

1. 예수님의 재림에 대한 약속

- 성경은 예수님의 재림에 대해 분명히 기록하고 있습니다.
- 예수님은 언약의 말씀을 이루고, 사망 권세를 멸하시며, 세상을 심판하시기 위해 다시 오십니다.
- 하나님만 재림의 시기를 아시지만, 우리는 말세의 징조를 통해 재림을 준비할 수 있습니다.

2. 예수님의 재림 때 일어날 일들

- 예수님이 공중재림 하실 때, 성도는 공중에서 예수님과 7년 혼인 잔치를 하고 지상에서는 7년 환란이 펼쳐집니다.
- 7년 환란 후에는 예수님이 성도들과 함께 지상으로 재림하시고 천년왕국이 시작됩니다.
- 이후 하늘과 땅이 없어지고 하나님의 최후 심판이 시작됩니다.
- 최후 심판 후에 구원받은 성도는 예비된 새 하늘과 새 땅으로 들어갑니다.

3. 재림을 기다리는 성도의 자세

- 예수님 재림의 시기는 누구도 알 수 없기에 우리는 영적으로 깨어 늘 준비해야 합니다.
- 우리는 최선을 다해 복음을 전하며 살아야 합니다.
- 우리는 천국 소망을 갖고 끝까지 믿음의 경주를 해야 합니다.

이영훈 목사의 힐링 스토리

이창환 전도사님은 김창인 목사님(충현교회 원로목사)이 북한에서 목회하실 때 함께 사역했던 분입니다. 전도사님은 청년 시절부터 교회 일에 어찌나 헌신했던지 모든 성도가 그 모습을 보고 칭찬했습니다. 그는 18세에 이미 성경을 40번이나 읽었을 정도로 믿음이 매우 좋은 청년이었습니다.

이창환 전도사님이 신학교를 졸업하고 김창인 목사님과 함께 사역을 시작할 무렵, 공산당이 북한을 점령했습니다. 많은 성도가 신앙의 자유를 찾아 월남했고 김창인 목사님도 월남했습니다. 이때 이창환 전도사님은 미처 월남하지 못한 성도를 돌보기 위해 교회에 남았다가, 공산당에게 붙잡히고 말았습니다. 공산당은 전도사님을 큰 장독에 집어넣고 그 안에 물을 가득 채웠습니다. 한겨울, 영하를 한참 밑도는 강추위에 전도사님은 서서히 얼어갔습니다. 극심한 고통 가운데 죽어가면서도 전도사님은 의연하게 찬양을 부르기 시작했습니다.

"하늘 가는 밝은 길이 내 앞에 있으니 / 슬픈 일을 많이 보고 늘 고생하여도
하늘 영광 밝음이 어둔 그늘 헤치니 / 예수 공로 의지하여 항상 빛을 보도다"

이창환 전도사님은 천국 소망을 바라보며 마지막까지 굳건하게 믿음을 지킬 수 있었습니다.

QR을 찍어보세요.

Chapter 10

Brainstorming

바쁘다 바빠~

의학 기술의 발달로 인류의 수명은 증가했습니다. 한국인의 경우 1970년 62.3세에서 2023년에는 83.5세로 약 21년이나 늘어났습니다. 그럼에도 현대인들은 바쁜 일상에 쫓겨 늘 시간이 부족하다고 느끼는데, 이를 '시간 기근'(Time Famine) 현상이라고 합니다. 많은 사람이 시간 기근 속에서 '빨리빨리'라는 말을 입에 달고 마음의 여유를 느끼지 못하며 살아갑니다.

시간 기근 현상의 해법 중 하나는 남을 위해 시간을 사용하는 것이라고 합니다. 남을 위해 시간을 사용할 때 내게 주어진 한정된 시간을 더 넉넉하게, 더 가치 있고 행복하게 느끼게 됩니다.

1. 시간이 부족하다고 생각하나요? 나의 하루를 돌아보고 무엇을 할 때 가장 많은 시간을 보내는지 적어보세요.

TIPS
- 공부하기, 일하기, 집안일 하기, 자녀 돌보기 등
- TV 보기, 인터넷 서핑, 게임하기, 동영상 보기 등
- 친구나 애인과 이야기하기, 카톡하기 등

2. 타인을 위해 내 시간을 들여 봉사한 경험이 있나요? 그때 어떤 기분이 들었는지 이야기해 보세요.

TIPS
- 교회학교 수련회 때 일일교사로 봉사한 적이 있습니다. 아이들의 웃는 모습을 보면서 보람이 느껴졌습니다.
- 불우이웃돕기 캠페인에 참여한 적이 있습니다. 날씨가 추워서 너무 힘들었습니다. 그러나 수고한다고 말씀해 주시는 분들로 인해 따뜻함을 느꼈고, 어려운 이웃에게 도움을 줄 수 있어서 기뻤습니다.

Discussing

누군가를 돕는 건 쉬운 일이 아닙니다. 내 마음과 시간, 때로는 물질을 대가 없이 내주어야 하기 때문입니다. 그럼에도 타인을 위해 기꺼이 봉사하는 사람들이 많은데, 그 이유는 무엇인지 서로의 생각을 나눠보세요.

Chapter 10

나누어 주는 신앙

STEP 1 주제 말씀 쓰기

1. 사도행전 2장 44-47절

믿는 사람이 다 함께 있어 모든 물건을 서로 통용하고
또 재산과 소유를 팔아 각 사람의 필요를 따라 나눠 주며
날마다 마음을 같이하여 성전에 모이기를 힘쓰고 집에서
떡을 떼며 기쁨과 순전한 마음으로 음식을 먹고
하나님을 찬미하며 또 온 백성에게 칭송을 받으니 주께서
구원 받는 사람을 날마다 더하게 하시니라

STEP 2 본문 내용 이해하기

1. 성경에 나타난 나누어 주는 신앙

하나님이 이스라엘 백성에게 주신 율법 속에는 나눔 신앙이 담겨 있습니다. 그 이유를 적어보세요. 순복음의 12대 핵심진리 p.187

TIPS

하나님이 주신 율법은 하나님의 거룩한 백성이라는 영광스러운 신분에는 그에 합당한 삶이 동반되어야 함을 가르쳐 줍니다. 긍휼과 사랑의 마음으로 어려운 이웃에게 베풀고 나누어 주는 것은 하나님의 백성으로서 마땅히 행해야 할 의무입니다.

초대교회 성도들은 나누어 주는 신앙을 적극 실천했습니다. 초대교회에 나타난 나눔과 섬김의 세 가지 특징을 적어보세요.

순복음의 12대 핵심진리 p.189-190

TIPS

첫째, 초대교회 성도들의 섬김과 나눔은 자발적인 것이었습니다. 그들은 자신의 소유를 자기 것이라고 주장하지 않았고, 가난한 이웃들과 함께 기쁨으로 나누었습니다. 둘째, 초대교회의 나눔은 지역과 민족의 벽을 넘어 행해졌습니다. 셋째, 초대교회의 섬김과 나눔은 성령 충만한 삶의 자연스러운 결과였으며 하나님이 기뻐하시는 참된 크리스천의 모습이었습니다.

2. 나누어 주는 신앙의 의미

우리가 지금 소유하고 있는 모든 것은 엄밀히 말하면 우리의 것이 아닙니다. 우리는 하나님께 받은 것을 잠시 맡아서 관리하고 있을 뿐입니다. 이 역할을 무엇이라고 말하나요? 또한 나는 이 역할에 합당한 삶을 살고 있는지 돌아보세요. 순복음의 12대 핵심진리 p.190-191

TIPS

우리는 이 세상을 사는 동안 하나님의 것을 맡아 관리하는 '청지기'입니다. 청지기의 삶을 사는 크리스천은 하나님이 자신에게 맡긴 모든 소유를 선하게 관리하고자 힘써야 합니다. 그렇기에 세상 사람들처럼 더 많은 것을 소유하는 데서 만족을 찾으려 하지 말고, "내 것은 없습니다. 모든 것이 주님의 것입니다."라고 고백하며, 주님의 것을 이웃과 나누는 삶을 살아야 합니다.

아브라함의 복은 누구를 위한 복이었나요? 축복과 나누어 주는 신앙의 관계에 관해 적어보세요. 순복음의 12대 핵심진리 p.192

TIPS

믿음의 조상인 아브라함의 복은 아브라함과 그의 가족만을 위한 것이 아닙니다. 아브라함의 복은 그로 말미암아 모든 족속이 복을 받는 나누어 주는 축복이었습니다. 우리는 나누어 주는 신앙이 크리스천에게 진정한 축복이며 행복이라는 사실을 잊지 말아야 합니다.

3. 나누어 주는 신앙의 실천

개인적인 삶에서 나눔을 실천할 방법은 무엇인가요? 또한 이때 우리가 주의해야 할 점은 무엇인지 적어보세요.

순복음의 12대 핵심진리 p.194-195

TIPS

일상에서 주변의 이웃에게 소소하게 도움을 줄 수 있고, 각종 복지시설이나 봉사단체의 활동에 참여할 수 있습니다. 또한 기부금을 내거나, 지식과 재능처럼 비물질적인 것도 나눌 수 있습니다. 어떠한 형태의 나눔을 하든 우리가 명심해야 할 점은 자신의 선행을 남에게 보이려는 목적으로 해서는 안 된다는 것입니다. 진정한 나눔은 자신을 드러내려는 마음이 아니라, 하나님께 받은 것을 나누고자 하는 마음, 이웃을 사랑하고 긍휼히 여기는 마음에서 비롯되어야 합니다.

하나님의 구원은 개인 차원을 넘어 사회적 영역까지 포함합니다. 사회 구원을 위한 교회의 역할에 관해 적어보세요.

순복음의 12대 핵심진리 p.195-197

TIPS

교회는 기존의 영혼 구원 중심의 사역에 더해 교회 울타리를 넘어 사회 구원 사역으로 확대해 나가야 합니다. 주변에 있는 사람만을 이웃으로 국한하지 말고, 고통받는 모든 인간을 우리의 이웃으로, 교회가 섬겨야 할 대상으로 바라봐야 합니다.

STEP 3 삶에 적용하기

1. 작은 것이라도 어려움을 당한 사람에게 나눔을 실천했던 경험이 있었나요? 그 경험을 통해 배운 점이나 느낀 점을 적어보세요. 만약 나눔의 경험이 없다면 그 이유는 무엇인지 적어보세요.

   • 내가 나누었던 것은 무엇인가요?

   ☐물질 ☐시간 ☐노동 ☐재능(은사)

   ☐기타:

2. 나누어 주는 신앙은 마음의 결단으로만 끝나서는 안 됩니다. 작은 것부터 실천하는 것이 매우 중요합니다. 여의도순복음교회는 우리가 참여할 수 있는 다양한 나눔 사역을 펼치고 있습니다. 여의도순복음교회가 펼치고 있는 나눔 사역에는 무엇이 있는지 찾아보세요.

QR을 찍어보세요.
여의도순복음교회의 나눔 사역을
한눈에 볼 수 있습니다.

3. 여의도순복음교회의 나눔 사역 중 내가 참여하고 있는 것이 있나요? 혹은 앞으로 참여하고 싶은 기관이나 활동이 있다면 선택해 보세요.

□굿피플	□엘림복지회	□농어촌미자립교회후원
□영산조용기자선재단	□노인전문요양원	□노인케어센터
□사회복지상담센터	□사랑의 헌혈운동	□노숙인돕기사업
□순복음호스피스	□순복음의료센터	□긴급구호사업
□사랑의 집짓기 운동	□은혜의 빵 나누기 운동	□북한 사업

• **그 외 행사**

□바자회 □김장 담그기 □다문화사역

• **교회 밖 봉사활동** ....

봉사 결심과 구체적인 후원 방법

ex) 봉사 결심 : 굿피플에서 아동을 위한 후원활동에 동참하겠습니다.
후원 방법 : 후원 계좌로 매달 10,000원씩 1년간 후원하겠습니다.

봉사 결심 : ....

....

후원 방법 : ....

....

핵심 요약

1. 성경에 나타난 나누어 주는 신앙

- 하나님은 율법을 통해 하나님의 백성으로서 나눔의 신앙을 실천해야 한다고 가르쳐 주셨습니다.
- 예수님은 친히 나눔과 섬김의 본을 보여주셨습니다.
- 성령으로 충만했던 초대교회 성도들은 나누어 주는 신앙을 적극적으로 실천했습니다.

2. 나누어 주는 신앙의 의미

- 크리스천은 인생의 가치를 소유에서 찾지 말고, 하나님의 것을 이웃과 나누는 청지기의 삶을 살아야 합니다.
- 크리스천은 아낌없이 베풀고 나누는 교회의 사명에 동참해야 합니다.
- 크리스천은 성령충만과 사랑 실천을 통해 이 땅 가운데 하나님의 나라가 실현되도록 애써야 합니다.

3. 나누어 주는 신앙의 실천

- 개인적인 삶에서 나눔을 실천할 때는 자신의 선행을 남에게 보이려는 목적으로 해서는 안 됩니다.
- 교회는 나누어 주는 신앙을 통해 영혼 구원 중심의 사역에 더해 사회 구원 사역을 확대해 나가야 합니다.

이영훈 목사의 힐링 스토리

김병록 집사는 코로나19로 인해 위기에 처한 사람들을 돕기 위해 평생 구두를 닦아 모은 돈으로 7억원 상당의 땅을 기부한 인물입니다. 어려서부터 힘든 가정사를 겪었으나 예수님을 믿은 후 그는 세상에 필요한 사람이 되겠다고 다짐했습니다. 그 결과 1996년부터 2017년까지 헌 구두를 수선하여 노인, 장애인, 외국인 노동자 등 어려운 이웃에게 선물했습니다. 또한 미용 기술을 배워서 쉬는 날에는 양로원, 장애인시설, 치매센터 등을 찾아가 무료 이발 봉사를 하고 있습니다. 결식아동, 소년소녀가장, 은퇴 목사, 수술비가 없는 이웃을 도와주고, 2020년 3월에는 노후를 위해 마련한 7억원 상당의 1만 평 땅을 파주시에 기부하기도 했습니다.

김병록 집사는 "하루에 처음 것은 하나님께, 마지막 수입은 강도 만난 이웃에게"라는 원칙을 갖고 돈을 모으고 있습니다. 그는 "이웃을 위한 작은 도움으로 인해 행복을 느낄 수 있다면 이보다 더 큰 기쁨이 없다."라고 고백합니다. 이어서 그는 다음과 같이 덧붙입니다. "저 같은 크리스천들은 예수님으로 말미암아 새 생명을 얻었기 때문에 덤으로 사는 인생들이에요. 그러니 욕심부릴 게 없지요. 다 주고 가야지요. 저는 나누고 사는 게 가장 즐겁고 행복하니까, 그 행복을 나누는 겁니다."

QR을 찍어보세요.

Part 3.

순복음의
신앙 자세

믿음이 있는 사람과 믿음이 없는 사람은 삶을 대하는 태도나 자세에 분명한 차이가 있습니다. 믿음이 없는 사람은 문제가 다가오면 부정적인 생각이 먼저 들고, 고난이나 역경 속에서 불평하고 원망하기 쉽습니다. 그러나 순복음의 신앙을 가진 성도는 문제와 고난 속에서도 낙심하지 않고 좋으신 하나님의 역사를 기대하며 감사할 수 있습니다. 이러한 삶의 자세가 바로 순복음의 '절대 긍정'과 '절대 감사'입니다.

Chapter 11

Brainstorming

싱싱한 딸기 vs. 상한 딸기

오스트리아 심리학자 엘리자베스 루카스는 싱싱한 딸기 85%와 상한 딸기 15%를 한 바구니에 섞어 놓고, A그룹의 아이들에게는 '싱싱한 딸기'를, B그룹의 아이들에게는 '상한 딸기'를 골라내라고 말했습니다. 표현은 달랐지만 사실상 같은 의미였는데, 재밌는 결과가 나왔습니다. A그룹의 아이들은 실제와 비슷하게 약 80%를 싱싱한 딸기로 골라냈지만, B그룹의 아이들은 50% 이상을 상한 딸기로 골라냈습니다.

'상한 딸기'라는 부정적인 말에 아이들이 더 민감하게 반응했는데, 이를 '부정성 효과'(Negativity Effect)라고 합니다. 이처럼 사람들은 일반적으로 긍정적인 것보다는 부정적인 것에 더 큰 영향을 받습니다.

1. 내가 들었던 말 중에서 기억에 남는 긍정적인 말과 부정적인 말을 하나씩 적어보세요.

TIPS

- 긍정적인 말 : 고마워. 사랑해. 잘한다. 멋있다. 괜찮아. 해보자.
- 부정적인 말 : 짜증나. 귀찮아. 하기 싫어. 죽을 것 같다. 힘들다.

2. 나는 긍정적인 사람인가요, 부정적인 사람인가요? 아래의 질문을 읽고 체크해 보세요. 10개의 질문 중 몇 개에 해당되나요? (　　　)개

나는 평소에도 걱정이 많은 편이다.	□
나는 어떤 일을 시작할 때 확신보다는 불안감이 먼저 든다.	□
나는 다른 사람을 볼 때 그 사람의 단점이 먼저 보인다.	□
나는 의심이 많은 편이다.	□
나는 내 장점이 무엇인지 잘 모르겠다.	□
나는 다른 사람의 성공을 부러워하는 편이다.	□
나는 '힘들다. 안 된다.' 등 부정적인 말을 자주 사용하는 편이다.	□
나는 나쁜 결과를 상상하는 편이다.	□
나는 종종 '남들이 나를 싫어하고 미워하지 않을까?'라고 생각한다.	□

* 5개 이하 : 긍정적인 사람에 속한다고 볼 수 있어요.

Discussing

부정적인 말과 뉴스가 넘쳐나는 세상 속에서 긍정적인 사고를 유지할 수 있을까요? 이에 대한 서로의 생각을 나눠보세요.

Chapter 11

절대 긍정

STEP 1 주제 말씀 쓰기

1. 로마서 8장 28절

우리가 알거니와 하나님을 사랑하는 자 곧 그의 뜻대로
부르심을 입은 자들에게는 모든 것이 합력하여 선을
이루느니라

2. 요한일서 5장 4절

무릇 하나님께로부터 난 자마다 세상을 이기느니라
세상을 이기는 승리는 이것이니 우리의 믿음이니라

STEP 2 본문 내용 이해하기

1. 절대 긍정의 의미

믿음과 절대 긍정은 어떤 상관이 있나요? 믿음과 절대 긍정의 관계에 대해 적어보세요. 순복음의 12대 핵심진리 p.205-206

TIPS

믿음에는 이미 긍정의 요소가 담겨있습니다. 우리가 어떤 대상을 믿을 때 믿음의 대상이 옳다는 것을 인정하며, 그 대상을 통해 희망적인 일이 일어나기를 바라기 때문입니다. 따라서 우리가 하나님을 향한 믿음을 가지면 필연적으로 절대 긍정의 신앙 자세를 갖게 됩니다.

믿음의 조상 아브라함은 절대 긍정의 신앙을 소유했습니다. 우리가 아브라함에게서 배워야 할 절대 긍정의 신앙 자세는 무엇인지 적어보세요. 순복음의 12대 핵심진리 p.207-209

TIPS

절대 긍정의 신앙은 어떤 상황에서도 하나님의 신실하심과 선하심을 신뢰하며 하나님의 말씀에 순종하는 것입니다. 우리는 이 같은 신앙의 자세를 아브라함에게서 배울 수 있습니다. 아브라함은 하나님이 고향과 친척과 아버지의 집을 떠나라고 했을 때, 갈 바를 알지 못했지만 순종했습니다. 사라가 아이를 낳을 수 없는 몸이었지만, 아브라함은 하나님의 약속을 믿었습니다. 하나님이 이삭을 번제로 바치라고 명령하셨을 때도 아브라함은 순종했습니다. 이것이 바로 하나님을 향한 100%의 믿음, 절대 긍정의 신앙입니다.

2. 절대 긍정의 근거

절대 긍정의 근거 세 가지를 적어보세요.
순복음의 12대 핵심진리 p.209-213

TIPS

첫째, 하나님의 변함없는 사랑입니다. 어떤 고난과 시련이 다가와도 하나님이 여전히 우리를 사랑하신다는 사실입니다. 둘째, 예수 그리스도의 복음입니다. 이 복음에는 그 어디에도 부정적인 요소가 없습니다. 셋째, 우리와 함께하시는 성령님 때문에 우리는 절대 긍정의 신앙을 가질 수 있습니다.

자신에게 부족하고 연약한 점이 있다면 남들보다 뒤처지고 무시당할 수 있다는 생각에 위축되는 사람들이 많습니다. 그러나 예수님을 믿는 우리는 자신의 연약함 때문에 위축될 필요가 없습니다. 그 이유는 무엇일까요? 순복음의 12대 핵심진리 p.212-213

TIPS

우리의 연약함을 도와주시는 성령님이 계시기 때문입니다. 성령님이 우리의 능력이 되어주십니다. 심지어 마땅히 기도할 바를 알지 못할 때조차도 성령님은 깊은 탄식으로 우리를 위해 기도해 주십니다. 따라서 어떤 상황에서도 성령님이 우리와 함께 계신다는 사실을 굳게 믿고 흔들림 없이 나아가면, 우리 삶에 하나님의 놀라운 기적의 역사가 나타날 것입니다.

3. 절대 긍정의 실천

절대 긍정의 신앙으로 살아가기 위해 어떤 노력과 훈련이 필요할까요? 나는 그러한 노력을 하고 있는지 돌아보세요.

순복음의 12대 핵심진리 p.213-217

TIPS

첫째, 매일 규칙적인 말씀 묵상을 통해 말씀의 능력이 우리의 삶 가운데 뿌리내리도록 훈련해야 합니다. 둘째, 하나님이 주신 거룩한 꿈을 붙들고 간절히 기도해야 합니다. 셋째, 우리의 입술에서 부정적인 말, 불평의 말, 원망의 말을 버리고, 매사에 하나님을 신뢰하며 절대 긍정을 선포해야 합니다.

긍정의 언어를 선포할 때 우리 삶에 어떤 변화가 나타날까요? 긍정적 언어의 효과에 관해 이야기해 보세요.

순복음의 12대 핵심진리 p.215-217

TIPS

절대 긍정의 언어는 하나님이 우리를 다스리시는 기준이 됩니다. 절대 긍정의 언어는 우리를 하나님의 축복으로 이끌어 갑니다. 우리가 절대 긍정의 언어를 생활화하고, 다른 사람에 대해서도 긍정적으로 말하는 습관을 훈련하면, 예수님 안에서 참된 행복과 평안을 누리게 될 것입니다.

STEP 3 삶에 적용하기

1. 절대 긍정의 신앙을 삶에 어떻게 적용해야 할까요? ①~⑤와 같은 상황에서 절대 긍정의 신앙으로 어떻게 반응해야 할지 적어보세요.

① 일이 생각대로 안 풀릴 때, 나는

② 나를 오해하거나 미워하는 사람이 있어도, 나는

③ 친구들이나 동료들과 비교되어 열등감이 느껴질 때, 나는

④ 내 편은 아무도 없고 혼자라고 느껴질 때, 나는

⑤ 아직 기도 응답이 없어도, 나는

2. 내가 습관적으로 사용하는 부정적인 말이 있나요? 아래의 부정적인 말을 긍정적인 말로 바꿔보세요.

- 난 못해 →
- 너무 힘들어 →

• 난 역시 안돼 →

• 그 사람은 절대 변하지 않아 →

3. 우리의 언어를 긍정의 언어로 바꾸는 가장 좋은 방법은 하나님의 말씀을 선포하는 것입니다. 나에게 필요한 말씀을 찾아서 입술로 선포해 보세요.

- **걱정이 몰려올 때** : 빌립보서 4장 6-7절
- **힘들고 지칠 때** : 마태복음 11장 28절
- **두려움이 찾아올 때** : 이사야 41장 10절
- **하나님의 인도하심이 필요할 때** : 잠언 3장 5-6절
- **기타**

4. 하나님이 주신 거룩한 꿈이 있나요? 꿈을 향해 절대 긍정의 신앙으로 나아가고 있는지 자신을 점검하고, 꿈을 이루기 위한 구체적인 방법도 적어 보세요.

DREAM

현재의
나

핵심 요약

1. 절대 긍정의 의미

- 절대 긍정의 신앙은 어떤 상황에서도 하나님을 신뢰하며 그 말씀에 순종하는 것입니다.
- 시련과 고난이 찾아와도 모든 일이 합력하여 선을 이루게 하실 하나님을 바라보며 절대 긍정의 신앙으로 나아가야 합니다.

2. 절대 긍정의 근거

- 절대 긍정의 신앙은 절대자이신 하나님께 근거를 두고 있습니다.
- 어떤 상황에서도 하나님이 우리를 사랑하신다는 사실을 기억하며 절대 긍정의 신앙 자세를 잃지 말아야 합니다.
- 예수님의 십자가 구원은 고난을 승리로 바꾼 절대 긍정의 근원입니다.
- 성령님이 함께 계시기에 우리는 절대 긍정의 신앙으로 나아갈 수 있습니다.

3. 절대 긍정의 실천

- 우리의 마음과 생각에 하나님의 말씀을 가득 채워야 합니다.
- 간절히 기도하면 하나님이 희망의 응답을 주십니다.
- 매사에 하나님을 신뢰하며 절대 긍정의 언어를 사용해야 합니다.

이영훈 목사의 힐링 스토리

1987년 미국 일리노이주의 한 병원에서 두 다리가 없는 여자아이가 태어났습니다. 그녀의 이름은 젠 브리커입니다. 그녀는 친부모에게 버림받았지만, 하나님의 선하신 인도하심에 따라 예수님을 믿는 한 가정에 입양되었습니다. 그녀가 입양된 가정에는 한 가지 규칙이 있었습니다. 바로 "할 수 없다."라고 말하지 않는 것입니다. 양어머니는 그녀에게 늘 "하나님은 너를 사랑하신단다. 사람들이 너를 어떻게 보더라도 절대 그 시선을 의식하지 말아야 한다."라고 말하면서 믿음과 용기를 불어넣었습니다.

6살 때 그녀는 TV에서 체조 국가대표 선수인 도미니크 모체아누를 보고 체조 선수의 꿈을 갖게 되었습니다. 이후 그녀는 열심히 훈련하여 청소년 세육내회 덤블링 부분에서 금메달을 땄습니다. 그녀는 비록 두 다리가 없지만, 누구보다 강인한 팔로 공중에 매달려 아름다운 공연을 선보였습니다. 현재 그녀는 전 세계를 다니며 강연하고, 또한 『모든 것이 가능하다』라는 책을 써서 긍정과 위로의 메시지를 전하고 있습니다. 그녀는 이렇게 고백합니다. "시도하지 않은 것을 후회하기보다 완전히 실패하는 것이 더 나을 것이다. 내가 시도하고 실패해도, 내 길을 찾고 하나님을 신뢰하도록 도와줄 수 있는 용감한 부모를 만난 것이 큰 축복이었다. 나의 삶 속에 어떤 일이 의미를 갖는 이유는 오로지 하나님 때문이며, 그분을 몰랐다면 나는 망가졌을 것이다. 그분은 나의 힘이요, 나의 인내요, 나의 지혜요, 나의 관점이시다!"

QR을 찍어보세요.

Chapter 12

순복음의 12대 핵심진리

Brainstorming

'감사QT 365' 앱을 알고 있나요?

'감사QT 365' 앱을 통해 성경 말씀을 읽고 묵상하며, 감사를 나눌 수 있습니다. '나의 감사'에 올린 나눔의 글 중 하나를 소개합니다.

"11월의 마지막 날, 한 달도 무사히 보내게 하심을 감사합니다. 어머니의 치매 증상으로 힘든 11월이었지만, 누워 지내시지 않고 일어나실 수 있는 것에, 기억이 완전히 사라지지 않은 것에 감사합니다. … 감사QT 365 나눔으로 은혜롭고 감동적인 감사의 고백을 나눠주신 모든 분께 감사합니다. 사연은 다 다르고 이유도 다르지만 하나의 공통점은 하나님을 향한 감사입니다. 귀한 나눔 글로 다시 감사로 살겠다고 다짐할 수 있었습니다. 저는 큰 반전도 감동적인 내용도 없고 모두 평범했지만 그래도 감사할 수 있어 기쁩니다. 앞으로 더 많이 감사하며 살겠습니다."

1. 당신은 감사를 잘하는 사람인가요? 주로 어떤 경우에 감사하는지, 또 어떤 방법으로 감사를 표현하는지 적어보세요.

TIPS

- 생일 카드나 선물을 받았을 때, 부모님, 선생님, 상사 등에게 칭찬받았을 때, 여러 가지 도움을 받았을 때 등
- **감사 표현 방법의 예 :** 말로 표현하기, 글로 표현하기, 행동으로 표현하기(손잡기, 안아주기, 어깨 토닥이기 등), 선물로 표현하기 등

2. 내가 감사를 표현했을 때 오히려 기분이 좋았던 경험이 있나요? 반대로 다른 사람이 나에게 건넨 감사 중에 기억에 남는 것이 있나요?

TIPS

- **내가 감사를 표현한 경우 :** 부모님에게 낳아주시고 키워주신 것에 감사하다고 말씀드리면서 작은 선물을 드렸더니 정말 기뻐하셨습니다.
- **다른 사람이 나에게 감사를 표현한 경우 :** 지하철 계단에서 무거운 보따리를 들고 가시는 할머니를 도와드렸더니, 내 손을 잡고 여러 차례 고맙다고 말씀하셨습니다.

Discussing

세상에서도 감사에 대해 많이 이야기합니다. 많은 기업에서 신입사원 연수나 코칭 프로그램을 통해 감사를 강조하고, 사내 감사 캠페인을 벌이기도 합니다. 이처럼 감사를 강조하는 이유는 무엇 때문일까요?

Chapter 12

절대 감사

STEP 1 주제 말씀 쓰기

1. 데살로니가전서 5장 18절

범사에 감사하라 이것이 그리스도 예수 안에서 너희를 향하신 하나님의 뜻이니라

2. 시편 50편 23절

감사로 제사를 드리는 자가 나를 영화롭게 하나니 그의 행위를 옳게 하는 자에게 내가 하나님의 구원을 보이리라

STEP 2 본문 내용 이해하기

1. 절대 감사의 의미

감사가 믿음의 척도인 이유는 무엇일까요? 하나님을 기쁘시게 하는 믿음의 사람으로 살기 위해서는 어떻게 감사해야 할까요?

순복음의 12대 핵심진리 p.223-225

TIPS

감사는 환경의 문제가 아니라 믿음의 문제입니다. 초보적인 믿음을 가진 사람은 자기 삶의 상황에 따라 태도가 바뀌지만, 믿음이 성숙한 사람은 어떠한 형편에도 감사하는 삶을 살게 됩니다. 따라서 우리는 하나님께 감사할 수 있는 여건을 구하기 전에 감사할 수 있는 믿음을 달라고 기도해야 합니다. 그리고 예수님의 십자가를 붙잡고 말씀 위에 굳게 서서 하나님께 감사로 나아가야 합니다.

하나님은 "범사에 감사하라"라고 명령하셨습니다. 그 의미는 무엇인가요? 범사에 감사하는 신앙은 어떤 유익을 주는지 이야기해 보세요. 순복음의 12대 핵심진리 p.225-227

TIPS

하나님이 명령하시는 감사는 절대 감사, 즉 우리가 처한 상황이나 환경을 초월하여 감사하는 것입니다. 따라서 우리는 고난이 다가올 때 원망하거나 불평하지 말고, 감사함으로 기도해야 합니다. 원망과 불평은 아무것도 바꿀 수 없지만, 감사함으로 구하는 기도는 고난을 축복으로 바꿀 수 있습니다.

2. 절대 감사의 근거

세상 사람들과는 달리 크리스천은 환경과 조건을 초월하여 절대 감사를 드릴 수 있습니다. 절대 감사의 세 가지 근거는 무엇인가요? 순복음의 12대 핵심진리 p.227-232

TIPS

첫째, 생명의 근원 되신 하나님이 우리에게 생명을 주셨기에 감사해야 합니다. 둘째, 죄로 인해 죽을 수밖에 없는 우리를 예수님의 보혈로 구원해 주신 은혜에 한평생 감사해야 합니다. 셋째, 우리에게 복 주시는 좋으신 하나님께 감사해야 합니다.

고난 중에도 감사할 수 있을까요? 매일의 삶 속에서 어떻게 감사를 실천할 수 있는지 이야기해 보세요. 순복음의 12대 핵심진리 p.231-232

TIPS

예수님을 믿고 하나님의 자녀가 되었다고 해서 일평생 고난과 슬픔, 질병, 아픔을 겪지 않는 것은 아닙니다. 그러나 하나님이 우리에게 복 주시기를 원하시는 좋으신 하나님이심을 믿고 하나님께 받은 복을 헤아려 본다면, 비록 우리는 눈에 보이는 환경이 고통스러울지라도 감사할 수 있습니다. 더불어 하나님이 주신 은혜와 축복을 당연한 것으로 여기지 말고, 매일의 삶 속에서 감사해야 합니다. 일용할 양식을 주심에 감사하고, 입을 옷을 주심에 감사하고, 가족이 있음에 감사하고, 일할 수 있음에 감사하고, 나를 여기까지 인도하신 은혜에 감사해야 합니다.

3. 절대 감사의 실천

감사가 습관이 되어야 하는 이유는 무엇일까요? 또한 감사가 습관이 되기 위해 무엇을 해야 하는지 적어보세요.

순복음의 12대 핵심진리 p.232-236

TIPS

우리는 "범사에 감사하라"라는 하나님의 뜻에 순종하기 위해 절대 감사를 실천해야 합니다. 절대 감사가 습관이 되고 내 삶의 방식이 되도록 훈련해야 합니다. 이를 위해서는 감사가 습관이 되도록 매일매일 감사하는 것이 중요합니다. 감사의 습관을 갖기 위해서는 먼저 불평과 부정적인 생각을 물리치고, 우리의 주변을 돌아보며 작은 것에서부터 감사하기를 실천해야 합니다.

감사와 찬양은 크리스천의 본분입니다. 감사와 찬양의 고백을 하나님께 드릴 때 어떤 변화가 나타나는지 생각해 보세요.

순복음의 12대 핵심진리 p.237-238

TIPS

우리가 감사와 찬양의 고백을 하나님께 올려드릴 때 절망이 변하여 희망이 되고, 슬픔이 변하여 기쁨이 되며, 저주가 변하여 축복이 됩니다. 감사하는 자가 하나님의 축복과 은혜를 누릴 수 있습니다. 또한 무엇보다 감사할 수 없는 상황에서도 감사할 때 기적의 역사, 회복의 역사가 일어납니다.

STEP 3 삶에 적용하기

1. 어린 시절 '보물찾기'를 했던 경험이 있나요? 감사는 하나님이 우리에게 주신 보물을 찾는 것과 같습니다. 우리 삶 속에 숨겨진 보물을 찾아보세요.

①

②

③

④

⑤

2. 절대 감사의 신앙은 매일, 작은 것부터 실천하는 것이 중요합니다. 작은 일이라도 감사할 것을 발견하고, 하나님께 감사의 고백을 적어보세요.

3. 감사의 내용을 다른 이들과 나누어 보세요. '감사QT 365' 앱에서 '나의 감사 쓰기'를 통해 은혜를 나누는 것도 좋은 방법입니다. 핸드폰에 아직 '감사QT 365' 앱을 설치하지 않았다면 지금 설치해 보세요.

QR을 찍으면,
구글 플레이 스토어에서
앱을 설치할 수 있습니다.

QR을 찍으면,
애플 앱스토어에서
앱을 설치할 수 있습니다.

4. 감사하는 습관은 하루아침에 생겨나지 않지만, 훈련을 통해 감사의 습관을 기를 수 있습니다. 구체적인 감사 훈련 방법을 선택해서 실천해 보세요.

□ **감사 일기 쓰기**

주 2-3회 정도 감사 거리를 찾아서 기록해 보세요. 시간이 지날수록 감사 거리를 찾는 긍정적인 시각을 키울 수 있을 것입니다.

□ **감사 문자 보내기**

하루에 한 명에게 감사 문자를 보내며 감사를 표현해 보세요. 특별한 감사를 표현하고 싶을 때는 선물을 함께 보내도 좋습니다.

□ **감사 팔찌 착용하기**

왼팔에 팔찌를 끼우고, 그날 동안 불평이나 험담, 비난 등을 말했을 때 반성하며 오른팔에 팔찌를 바꿔 끼웁니다. 왼팔에 팔찌를 끼우고 있던 날을 달력에 체크하며 점차 그 날수를 늘려보세요.

□ **기타 :** ....

핵심 요약

1. 절대 감사의 의미

- 감사는 믿음의 척도입니다.
- 하나님은 상황과 환경을 초월하여 감사하라고 명하십니다.
- 고난을 이길 힘은 '절대 감사'입니다.

2. 절대 감사의 근거

- 생명을 주신 하나님께 감사해야 합니다.
- 하나님이 베풀어 주신 구원의 은혜에 한평생 감사해야 합니다.
- 복 주시는 하나님께 감사해야 합니다.

3. 절대 감사의 실천

- 하나님의 은혜를 당연한 것으로 생각하지 말고, 하나님께 감사와 찬양을 올려드려야 합니다.
- 매일매일 감사함으로써 감사의 습관을 지녀야 합니다.
- 감사하는 자가 하나님의 축복과 은혜를 누릴 수 있습니다.

이영훈 목사의 힐링 스토리

'E.T 할아버지'를 아시나요? 우리나라의 교육자이며, 사회운동가인 채규철 박사는 온몸에 화상을 입었는데, 그의 모습이 외계인 같다고 사람들이 붙인 별명입니다. 그는 서울시립농대를 졸업하고 덴마크로 가서 선진 농업기술을 배웠고, 귀국한 후에는 장기려 박사와 함께 가난한 이들을 치료하는 일을 했습니다. 그러다 1968년 10월, 자동차 사고로 전신 3도 화상을 입어 양쪽 귀가 녹아 없어지고, 한 눈은 멀게 되었으며, 입술도 타버렸고, 손도 불에 녹아서 갈고리처럼 되어버렸습니다. 30여 차례 수술을 받으며 고통 가운데 살고 있었는데, 설상가상으로 그의 아내마저 그를 간호하다가 세상을 떠났습니다. 그는 차라리 죽고 싶다는 생각이 들었지만, '이런 모습으로 나를 살리신 하나님의 뜻이 분명히 있을 것이다.'라는 믿음으로 다시 일어섰습니다. 이후 그는 간질환자들과 불의의 사고로 죽어가는 사람들을 돌보고, 소록도에서 한센병 환자들을 섬기다가 70세에 하나님의 품에 안겼습니다. 그는 이렇게 고백했습니다.

"하나님! 비록 귀는 다 타 버렸지만, 소리를 듣는 데 지장이 없고, 한겨울 추운 날에도 귀가 시리지 않으니 감사합니다. 피고름이 나던 머리에서 새 머리카락이 나오게 해주시니 감사합니다. 귀도 없는 일그러진 얼굴을 그 머리카락들이 조금이라도 가려주니 감사합니다. 한쪽 눈은 실명했지만, 남은 한 눈으로 세상을 볼 수 있게 해주시니 감사합니다. 입술이 없어졌지만, 하나님의 사랑과 진리를 전할 수 있게 해주시니 감사합니다."

QR을 찍어보세요.

순복음의 12대 핵심진리
WORKBOOK
청·장년_인도자용

이영훈 지음

초판 1쇄 발행 2025년 2월 10일

발 행 인 이영훈
발 행 처 서울말씀사

출판등록 제2016-000172호
주 소 서울시 영등포구 은행로 55, 5층
전 화 02-846-9222
팩 스 02-846-9225

ISBN 978-89-8434-912-4

*책값은 뒤표지에 있습니다.